运营有数

用数据突破电商流量

刘文光（宁静） 编著

電子工業出版社
Publishing House of Electronics Industry
北京•BEIJING

内 容 简 介

本书是宁静十年电商数据化运营实战经验的一次总结，系统地展示了商业数据应用的过程，能帮助更多商业运营人员掌控数据在决策中的实际应用。本书通过五章的内容，尽可能全面、详尽地介绍了数据化运营的思维：数据化运营的五大核心思维、利用数据化快速掌握市场竞争状况、市场环境中的外部流量获取、引爆搜索与首页流量的数字密码、优化内环流量价值提升店铺权重。

本书适合各领域电商从业者阅读，各类电商培训机构和院校也可以将本书作为提升理论水平与实践能力的参考用书。

图书在版编目（CIP）数据

运营有数：用数据突破电商流量 / 刘文光编著 . —北京：电子工业出版社，2020.5
ISBN 978-7-121-38893-4

Ⅰ . ①运⋯ Ⅱ . ①刘⋯ Ⅲ . ①电子商务－运营管理 Ⅳ . ① F713.365.1

中国版本图书馆 CIP 数据核字（2020）第 052765 号

责任编辑：高丽阳
印　　刷：中国电影出版社印刷厂
装　　订：中国电影出版社印刷厂
出版发行：电子工业出版社
　　　　　北京市海淀区万寿路 173 信箱　　邮编：100036
开　　本：720×1000　1/16　印张：14.25　字数：233 千字
版　　次：2020 年 5 月第 1 版
印　　次：2021 年 4 月第 2 次印刷
定　　价：69.00 元

凡所购买电子工业出版社图书有缺损问题，请向购买书店调换。若书店售缺，请与本社发行部联系，联系及邮购电话：（010）88254888，88258888。

质量投诉请发邮件至 zlts@phei.com.cn，盗版侵权举报请发邮件至 dbqq@phei.com.cn。

本书咨询联系方式：010-51260888-819，faq@phei.com.cn。

业内人士力荐

这本书是市面上为数不多的纯粹从业务运营角度切入数据实战应用的书，书中没有各种复杂的数据模型，却能让企业运营者深入了解数据如何支撑运营决策，非常适合运营者阅读。

——索菲亚家居营销中心副总经理 钱晔

数据已然成为当今商业的核心资源，在“危”与“机”并存的大环境中显得尤为重要，企业透过数据寻求更准确的决策支持，规避风险并抓住机会是长久发展的根本。

宁静老师在本书中，充分从思维、市场、流量等角度为大家打开真正的数据运营之门，精耕细作，能让大家窥探到数据在商业中的实战价值。

——惠普中国天猫官方旗舰店服务商 儒韵

在大数据时代，无论是传统零售，还是线上电商平台，无论是企业老板，还是店铺客服人员，数据俨然已经成为不可或缺、不可不知的部分。不懂数据，就难以做好生意，通过洞悉数据背后的逻辑、规律和趋势，可以更好地做出决策。在这本书中，宁静老师通过案例对数据进行深入解读，实现了生意的量化。建议各行各业的企业家、高管、业务人员认真阅读。

——澳乐品牌总经理 杨洪

数据化运营是电商团队决胜未来的必备能力，这本书全方位地讲述了数据的应用，从小到大，从点到面，用一个个案例告诉大家如何通过数据避开电商运营的各种“坑”，让生意实现质的飞跃。

——牛气学堂 CEO 海浪

电商行业的一大特点就是在经营过程中可以挖掘和积累大量数据，对过往数据的分析能帮助企业大大提高决策的准确性和客观性。宁静老师在电商数据化运营领域潜心钻研逾 10 年，本书通过深入浅出的方式，为读者展现了数据化运营思维，让电商人武装自己。

——Mr.ace Homme 品牌总负责人 巫立彬

读者服务

微信扫码回复：38893

- 获取本书配套资源
- 获取各种共享文档、线上直播、技术分享等免费资源
- 加入读者交流群，与更多读者互动
- 获取博文视点学院在线课程、电子书 20 元代金券

前言

致读者的一封信：为何要坚定不移地学习数据化运营

在每一次数据化课程中，都会有人问我一个问题：为何我要如此坚定地去推动数据化？关于这个问题，我自己也一直不断地问自己，如果连我自己都无法明确回答这个问题，那么我所说的普及数据化就没有多大意义了。

今天，我想我已经找到了答案！

从小到大，从义务教育到大学专业技能学习，再到社会职场培训，我们很多人也许一直在学习。很多时候我在想，我们大学以前所学习的学科意义何在？人总会有一种错觉，就是好像之前学的都没有用武之地。但是随着见识的增长，我把大学以前所学的知识归类为精神塑造者：

语文、英语的意义在于让我们识字、学会沟通、提升文采；

数学教会了我们计算，塑造了我们的思维逻辑；

历史、政治、物理等给予了我们常识与底蕴。

而从大学到社会，我们所面临的问题则变成了：如何掌握生存技能？

社会行业五花八门，虽然在当今社会各行各业无贵贱之分，但是从事商业活动，成了当今社会的主流，对于大多数人而言，走入企业成了谋生的一种选择，但是在企业中我们同样面临着选择：

你是想成为别人叫你做什么你才做什么的人，还是想成为自己知道该做什么、怎么做更好的人呢？

我相信大家都会选择第二种，其最为关键的就是要有决策能力，而想要正确地做决策，就需要有依据。

我们选专业，需要有专业的相关信息做依据。

我们买一本书，需要以书的内容简介为依据。

我们选择伴侣，同样需要有对方的信息做依据。

一个人是不应该在没有任何依据的情况下做出决策的。

而在现代商业中，最为可靠、最为主流的依据就是数据。

但数据不等于商业思维本身，数据是一种依据，是帮助我们发现业务问题、解决业务问题、洞察业务本质的依据。因此在各种不同方式的商业思维训练过程中，通过数据化训练的方法让思维的提升变成一种看得见的行为，通过看得到的数据去捕捉看不到的业务思维。但是单纯的数据训练脱离了业务环境，是不可能训练出商业思维的，那只是一堆数字。

因此我们真正要做的是，要学会在数据的海洋中寻找出能支撑企业发展的数据，帮助企业正确地做出各种决策，在一次次的业务训练中，提升商业思维。这就是宁静想教给大家的数据化运营。

宁静

2020 年 3 月

目录

第一章

数据化运营的五大核心思维

第一节
用细分思维诊断店铺流量问题

本节要点

了解细分思维的两种维度。

学会用细分思维做店铺诊断分析。

从本节开始我们一起学习数据化运营的第一个模块：数据思维模块。我将结合我十年的数据化运营经验，归纳出五种最重要的数据思维，帮读者打好基础，打开数据化运营的大门。

有不少朋友跟我说：看了那么多数据，好像也不知道该怎么做。

你有没有想过为什么会这样呢？答案就是因为我们缺乏细分思维，无法把问题细分到执行层面。

细分思维可以说是数据分析中最常用的思维，它是我们解决实际问题必不可少的一种思维。

我们在运营过程中，遇到任何问题都可以先考虑用细分思维解决，比如销售额下滑了、退款率变高了、转化率下降了等问题。可以说，如果我们没有把问题拆解、细分，那我们就可能无法知道问题的关键是什么，那自然就无法解决问题。

一、细分思维的两种维度

细分思维有两种维度：一种是横向细分，另外一种是纵向细分。

1. 横向细分

它是指我们对一个主体按照树形结构不断细分到最小分支的过程。

就拿产品的标题优化来说，首先标题可以细分成一个个关键词，比如“双肩包女时尚”“印花背包学生”。关键词又可以细分成属性词和类目词，比如属性词有“时尚”“印花”“学生”等，而类目词有“双肩包”“背包”等。针对这些属性或者类目词，如果我们发现它们的某个组合表现不好，那么就可以换一种组合。

2. 纵向细分

它是指时间维度的细分。

假如我们分析得出“背包”这个词表现不好，则要从时间上再做一次细分，如果是因为现在是学生放假时间，那么这个词就不能说是“不好”的词，到了开学季的时候这个类目词要更换回来。

可见细分就像是修车一样，我们只有知道是哪个零件出了问题，才能够去解决问题！

二、用细分思维做店铺诊断

案例问题：某个店铺近期销售额突然下滑了20%，对这个问题怎么进行细分分析呢？

讲到销售额，我们先从销售额的“万能公式”开始分析：

销售额＝流量×转化率×客单价×（1–退款率）

打开生意参谋商家后台，点击“首页”按钮，我们可以发现，与上周同期相比，店铺销售额下滑了 20.53%，最主要的原因是访客数出现了 23.92% 的下滑，而支付转化率、客单价并没有多大的波动，如图 1-1 所示。

图 1-1

所以我们通过第一步细分，把业绩下滑的问题转变为流量下滑的问题。但是发现了流量下滑之后，很多人可能就不知道接下来该怎么分析了。

接下来我们针对流量下滑的问题进行细分分析。

1．流量的精准度

流量的精准度就是我们引入的流量（人次）与我们产品的吻合度，而对此的分析往往是大多数运营人员容易忽视的。

比如我有个朋友的店铺，引入的客户中 70% 是 30 元以下消费层级的，但是产品却都是 70 元以上的，这就导致流量转化效果不好，最终流量越来越少。

2．获取流量的渠道

流量可以细分为站内流量、站外流量和自身流量。

1）站内流量

这里的站内流量是指平台内的流量，站内流量可以细分为免费流量、付费流量和活动流量，免费流量又可以进一步细分为手淘搜索流量、手淘首页流量。

2）站外流量

站外流量泛指平台以外的流量，比如从今日头条、视频网站等引来的流量。

随着站内流量越来越贵，从外部获取流量已经是很重要的引流方式了，这也是平台方鼓励商家通过内容来吸引更多外部流量的原因。

3）自身流量

自身流量是区别于公域流量的私域流量，一般来自自己品牌或者店铺的流量池子，比如微淘粉丝、店铺老顾客等流量群体。这部分流量对于商家而言意义重大，它的大小代表了店铺自身的沉淀深浅。

了解了流量的不同渠道之后，我们打开生意参谋查看流量来源，发现流量下滑是主要是淘内免费流量下滑导致的，如图 1-2 所示。

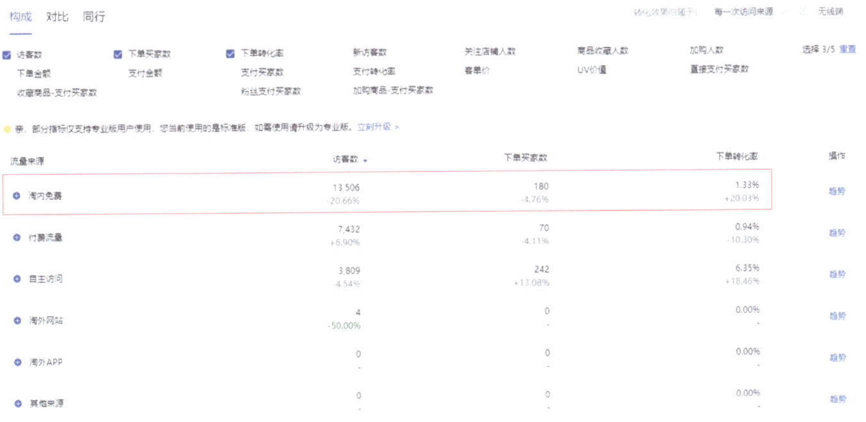
构成
对比
同行
每一次访问来源
无线端
访客数
下单买家数
下单转化率
新访客数
关注店铺人数
商品收藏人数
加购人数
选择 3/5 重置
下单金额
支付金额
支付买家数
支付转化率
客单价
UV价值
直接支付买家数
收藏商品-支付买家数
粉丝支付买家数
加购商品-支付买家数
亲，部分指标仅支持专业版用户使用，您当前使用的是标准版，如需使用请升级为专业版。立刻升级 >
流量来源
访客数
下单买家数
下单转化率
操作
淘内免费
13,506
-20.66%
180
-4.76%
1.33%
+20.03%
趋势
付费流量
7,432
+6.90%
70
-4.11%
0.94%
-10.30%
趋势
自主访问
3,809
-4.54%
242
+13.08%
6.35%
+18.46%
趋势
淘外网站
4
-50.00%
0
0.00%
趋势
淘外APP
0
0
0.00%
趋势
其他来源
0
0
0.00%
趋势

图 1-2

展开“淘内免费”一项，我们进一步发现其中手淘搜索和手淘首页流量影响最大，尤其是手淘搜索，基数大，转化率高，手淘搜索流量的下滑对业绩的冲击很明显，如图 1-3 所示。

流量来源	访客数	下单转化率	支付转化率
淘内免费	13,506 -20.66%	1.33% +20.03%	1.26% +17.72%
手淘搜索	7,475 -8.76%	1.23% +13.30%	1.16% +10.88%
手淘首页	2,753 -47.54%	0.54% +50.50%	0.54% +50.50%
淘内免费其他	2,256 -10.51%	3.50% +2.65%	3.19% -0.67%
手淘微淘	1,131 -1.39%	0.80% -23.94%	0.80% -23.94%
时尚大咖-全球时尚	215 -10.04%	0.47% -62.95%	0.47% -62.95%
手淘找相似	193 -15.35%	2.07% +136.27%	1.55% +77.20%

图 1-3

针对不同的流量来源，有不同的运营方法，既然问题主要出在手淘搜索流量的下滑上，那我们接下来就要针对手淘搜索流量的获取要素进行进一步分析，来找到最终的运营优化方法。

3. 搜索流量的排位竞争考核

搜索流量的排位竞争考核主要有两个维度。

（1）店铺竞争维度，如图 1-4 所示。

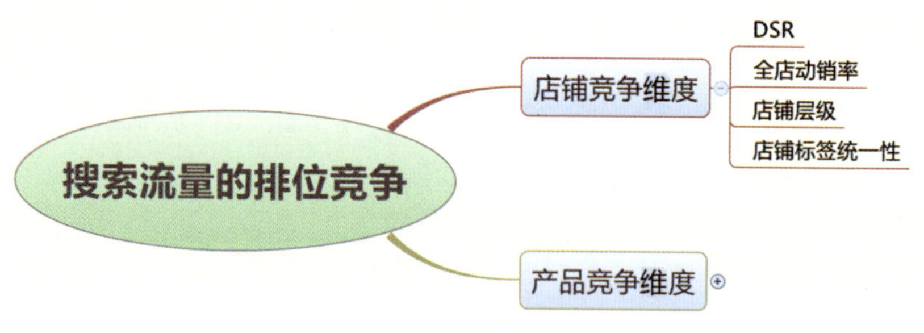

图 1-4

DSR：店铺在 DSR（卖家服务评级）低于 4.6 时基本得不到展现，要想获得展现，其中服务动态分需在行业平均水平以上。

全店动销率:产品越少,动销率就要越高,少于 10 个产品时不计算动销率。

店铺层级：层级越高代表获取流量的渠道越广泛。

店铺标签统一性：标签越明确的店铺越容易分配到精准人群。

（2）产品竞争维度，如图 1-5 所示。

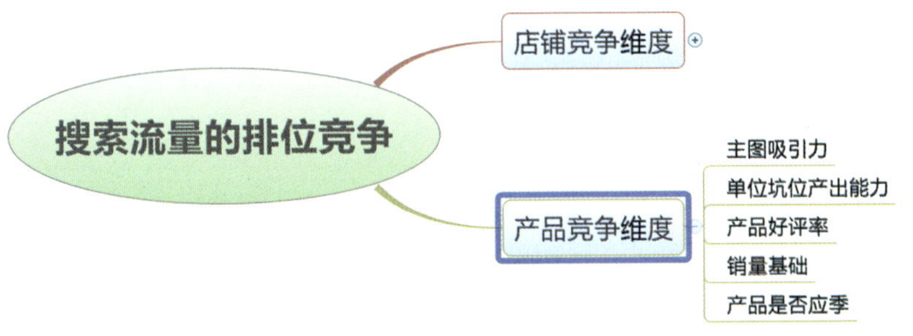

图 1-5

主图吸引力：决定了点击率。

单位坑位产出能力：即平均每单位流量所贡献的销售额。

产品好评率：产品好评率不能低于 4.7。

销量基础：会影响产品信任度。

产品是否应季:对不同阶段的产品有不同的运营方法，在后面我们会细讲。

这样我们就可以根据这些细化出来的因素进行详细分析了。最终发现，流量下滑幅度大的原因是主要产品到了换季阶段，“大盘”一直往下滑，其他产品还没“起来”，导致店铺层级也往下降，如图 1-6 所示。

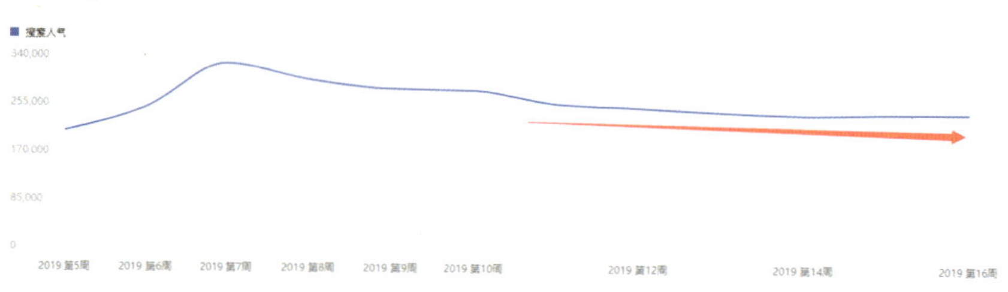

图 1-6

到这里，我们已经利用细分思维分析清楚问题了，那么接下来要怎么做决策呢？

短期内可以通过直通车降低店铺层级下滑的速度，当然这无法治本，更重要的是在现有的流量基础上，尽快推出下一个季节的产品。比如在冬季，冬季服装比较贵，可以推出买一件冬季款服装就能半价买一件春季新款服装等促销措施。

本节小结

学完这一节你会发现，通过细分思维能解决落地问题，当你觉得还不能从数据中找到解决问题的关键的时候，那就说明你还没细分到位！而细分思维主要有横向细分和纵向细分两个维度。

本节思考题

如果遇到转化率问题，你们会怎么去细化分析呢？如图 1-7 所示，用思维导图做一个转化率问题的细分分析方案！

店铺销售额细分分析
流量因素
流量精准度
引入人群与产品的吻合度
人群
年龄
喜好
职业
消费水平
产品
属性
场景
功能
特色
价格
流量
站内流量
免费流量
搜索流量
关键词下的竞争
店铺竞争
DSR
动销率
层级
店铺标签统一性
产品竞争
坑位产出能力
主图吸引力
产品好评率
销量基础
产品是否应季
手淘首页流量
付费流量
活动流量
站外流量
自身流量
粉丝
老客户
转化率
客单价
退款率

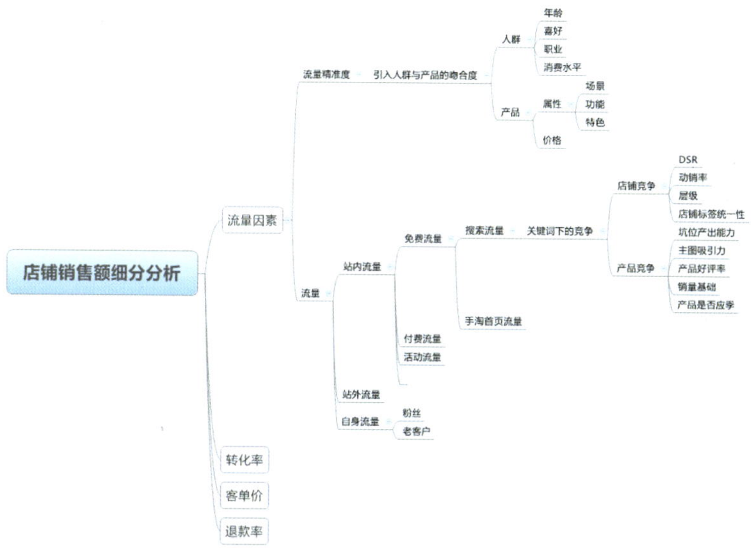

图 1-7

第二节 用对比思维掌握店铺的“病根”

本节要点

掌握对比思维的四种对比方式。

掌握店铺运营中对比的关键指标。

在我们的生活中，对比可以说无处不在：他比我长得帅，他比我工作能力强，他店铺业绩做得比我好。只有通过对比我们才能够清楚地知道自己所处的位置、具备的优点和缺点。

在职场中，如果你要获得职位晋升，自然就要比别人的业绩更好，比别人更有领导力、亲和力和影响力。我们经营店铺也一样，你的店铺如果能获得更多的曝光展示机会，就会比竞争对手更可能获得客户青睐。

上一节我们讲到了通过细分思维可以拆解出构成问题的关键因素，还需要通过对比拆解出的因素来找到问题，对比是分析细分出来的因素是否出现问题的关键方法。

在日常做店铺分析的时候，可以通过四种对比方式进行数据的对比。

一、对比思维的四种对比方式

1. 与行业做对比

我们来看一组数据，如图 1-8 所示，市场处于增长期，市场行业整体的销售额增长率为 50%，而我们店铺的增长率只有 20%，竞店的增长率则高达 60%，这意味着什么呢？相当于我们店铺拉低了行业整体水平。

如果你是制定平台流量分配规则的人，很明显你也会更愿意给那些业绩发展良好的商家分配更多流量！

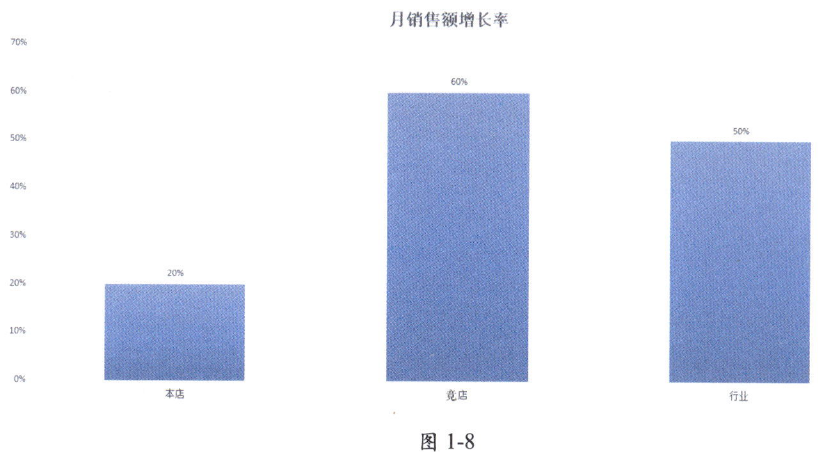

图 1-8

所以我们在市场上升期，要关注市场的增长率，而到了市场下滑期，我们则要关注店铺的下滑幅度。

2. 与对手做对比

在和对手的对比分析过程中，一定要注意竞争对手的选择，其主要分为两种情况。

1）和竞争对手的对比

这里的对手指的是跟我们直接“争夺”消费者的对手。如果我们的产品客单价是 100 元，那么客单价 20 元的店铺就不是我们对比的对象。如果我们是卖复古风格服装的，那么卖韩版服装的店铺就不是我们的对比对象。所以选择同行、同类竞争对手时要保证消费者群体和产品相同或者相似。

2）和行业标杆的对比

行业标杆指的是在某些方面做得非常优秀，值得我们去学习的对象。

比如他们详情页做得比我们好，那我们可以学习他们详情页的排版逻辑、文案策划，以及图片取景、构图、拍摄角度等方面。

如图 1-9 所示，我们观察了类目最高层级的店铺，发现其价格带分布非常宽，而我们店铺的价格带则非常窄，这也从某个层面上限制了店铺业绩的突破。因此，可以适当扩宽产品的价格带。

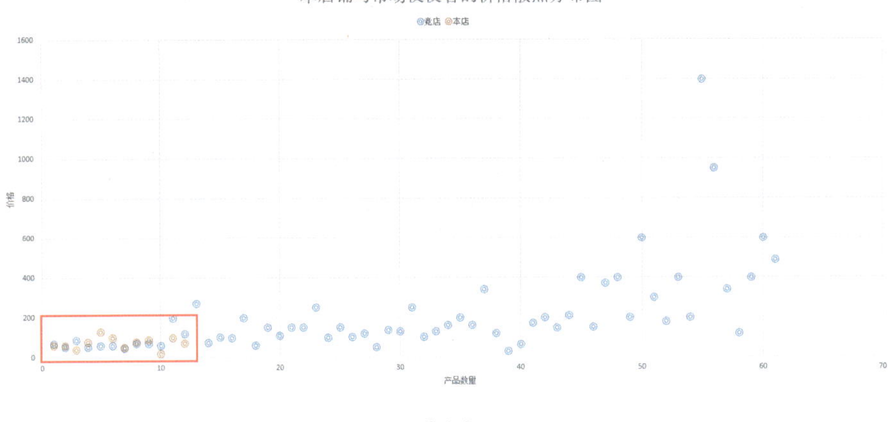

图 1-9

我们只有通过与标杆企业做对比，在某个方面或者多个方面学习并超越对手，才能够真正在市场上占据一席之地。

3．与历史做对比

有些情况下，我们看不到对手的数据，那该怎么对比呢？

这时我们就要和自己的过去进行对比了，通过对比了解我们有没有比以前进步。和过去对比的方式有同比和环比两种。

1）什么是环比

环比指的是现在的统计周期与上一个统计周期相比，常用的是月环比，即这个月与上一个月相比。

比如，店铺今年10月份销售额为100万元，9月份销售额为50万元，那10月份与9月份相比，就可以说环比增长了100%。

计算公式：(100–50)/50 × 100%=100%。

2）什么是同比

同比指的是与以往同一时期相比，多指与上一年同一时期相比。

比如，店铺今年10月份销售额为100万元，去年10月份销售额为200万元，今年10月份与去年10月份对比，就可以说同比下滑了50%。

计算公式：(100–200)/200 × 100%=–50%。

在日常分析中，同比和环比都经常要用到。如图1-10所示，我们通过对比思维发现，今年10月份的销售额环比增长了100%，但是同比却下滑了50%，而且今年9月份同比也下滑了50%。从这些数据来看，存在两种可能性：一种是今年的运营方向做了大的调整，导致了业绩下滑，另一种是市场环境发生了大的变化。

这样，通过对比分析，我们梳理出了导致问题的关键因素，从而能够针对具体问题找到解决的方法。

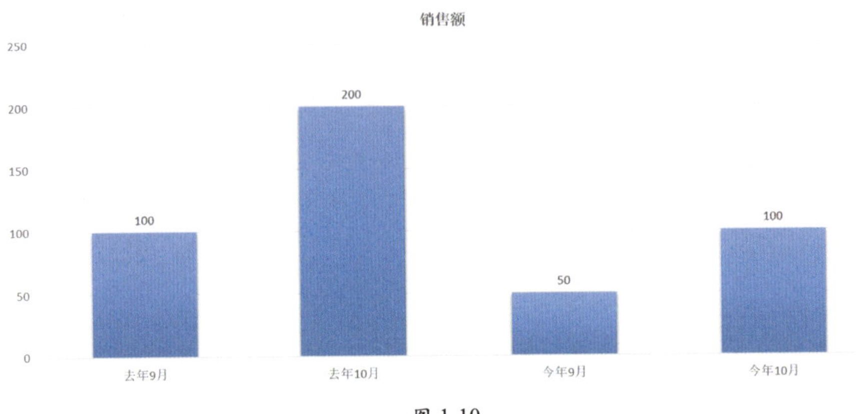

图 1-10

4．与目标做对比

和制定的目标做对比，是为了帮助我们及时调整运营策略从而达到目标，同时也是为了了解自己哪些方面做得不足，从而为以后的运营做好充足的准备。

如表 1-1 所示，10 月份的目标销售额是 100 万元，目标流量是 100 万人次，目标转化率是 1%，目标客单价是 100 元。最终实际销售额是 80 万元，虽然 100 万人次的流量和 1% 的转化率都达标了，但实际客单价只有 80 元，比目标少了 20 元。

原因在于，为了拉动转化率，店铺采用了过度的让利促销活动！最终导致了店铺客单价没有达标。

表 1-1

	目标值	实际值
销售金额	100 万元	80 万元
流量	100 万人次	100 万人次
转化率	1%	1%
客单价	100 元	80 元

通过以上四种对比方法，我们可以挖掘出运营过程中的很多问题，发现问题才能够解决问题。

二、店铺运营中对比的关键指标

上面讲了对比思维的具体方法，但是对于很多经验欠缺的人来说，还应该了解要对比哪些店铺指标，这样才能够更好地帮助我们运营店铺。

我会从店铺综合角度和单品角度两个方面来讲。

1. 从店铺综合角度看对比指标

图 1-11 所示为从店铺综合角度需要对比的指标。我们主要解释一下主价格带占比和主营类目占比。

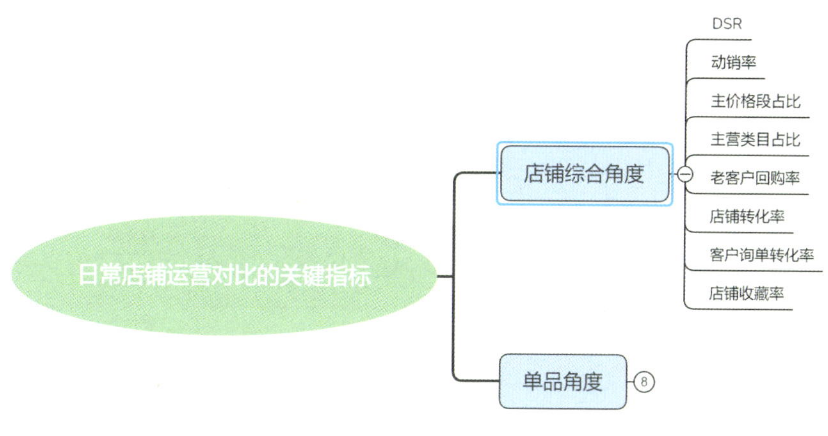

图 1-11

主价格带占比指店铺中主价格带内的产品数占店铺产品总数的比例。比如某店铺产品的价格是 50—200 元，主价格带是 80—100 元，那么该店铺中 80% 的产品价格应该在 80—100 元这个价格带内。

主营类目占比指的是店铺主营类目产品支付金额占店铺总支付金额的比例。起步阶段的店铺应尽量选择单一主营类目来做，比如某店铺主营类目是牛仔裤，那么牛仔裤的支付金额占比最好在 80% 以上。

另外还有老客户回购率、客户询单转化率、店铺收藏率等指标，这些指标一般需要与自己之前的数据对比，看有没有提升。比如 2018 年询单转化率为 50%，2019 年通过客服培训提升到 60%，通过对比，我们就可以知道做的培训是有用的。

2. 从单品角度看对比指标

如图 1-12 所示，点击率、收藏率、加购（加入购物车）率、转化率都是评价单品的重要指标，其中点击率由于官方没有公开数据，因此很多人会忽略，但是对于新品而言，点击率是各大指标中最重要的一个。

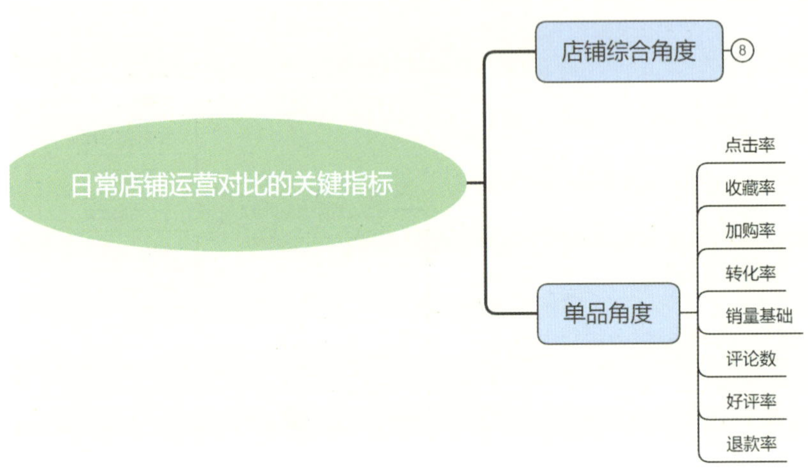

图 1-12

这里有一个小方法，可以对比店铺内部新品的点击率高低。对于同一个店铺，在其他条件都相同的情况下，新品本身的曝光机会会相对一致。在这样的情况下，我们可以参考前三天的搜索进店流量（人次），来评判店铺内部新品的点击率高低。比如某店铺有两款新品 A 和 B，A 产品前三天的搜索流量是 50 人次，B 产品的搜索流量是 100 人次，那么我们就可以认为 B 产品的点击率要高于 A 产品。

本节小结

我们可以用与行业做对比、与对手做对比、与过去做对比、与目标做对比这四种对比方式来分析一些运营的关键指标，用来指导解决店铺问题。很多时候，通过多个维度的对比，可以让复杂的问题变得非常简单。

本节思考题

在活动预热期，你们会和竞争对手做哪些方面的对比分析？

第三节
用拐点思维发现“蓝海”市场

本节要点

从历史数据中总结拐点。

跟踪消费者的需求变迁发现拐点。

预判社会热点发现拐点。

对于很多商家（尤其是小商家）来说，每一次拐点的出现都可能是新的崛起机会，企业老板和运营人员一定要有敏锐的“嗅觉”，这样才能在竞争越来越激烈的市场中“虎口夺食”。

市场上的机会其实非常多。假如某类目的直通车行业点击单价开始上涨，就很可能意味着流量红利期出现了拐点，商家对于流量的争夺开始变得更为激烈。这时候我们就可以预判流量会越来越贵，要开始有意识地优化直通车，掌握直通车操作技巧，甚至要从客户的沉淀、产品的定价和溢价等方面都做好思想准备，未雨绸缪，这样才有可能抢占先机。

机会很多，但是能够抓住机会的人却很少，要想利用拐点思维做好预判，就必须先了解市场上有哪些拐点。拐点通常有以下三种。

一、从历史数据总结出来的拐点

运营人员一定要顺应市场趋势，把控好运营的节奏，而市场的走向是有规律可循的，大到一年的走势，小到一天之中的变化，都可以找到相应的规律。

如图 1-13 所示，双肩包类目全年销售顶峰出现在 8 月份，低谷则在过年期间。

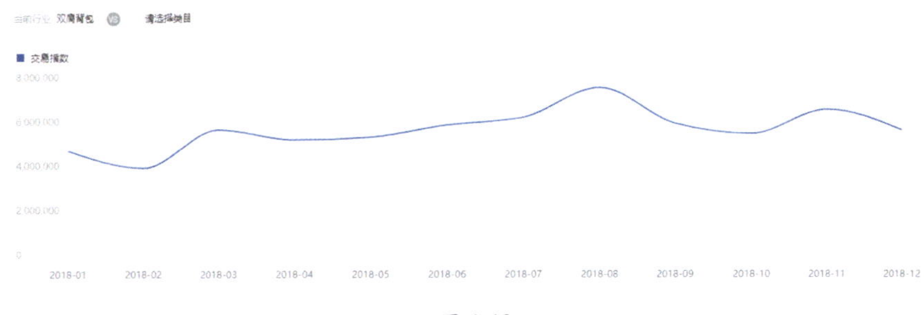

图 1-13

如图 1-14 所示，早上 7 点是一天中增长的拐点。这些拐点相对稳定，运营人员需要精准地把控每年、每月、每天的每个拐点，这些拐点在我们“弯道超车”时非常关键。

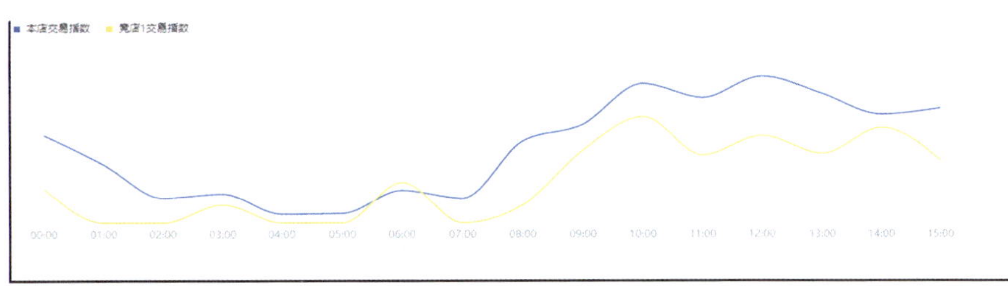

图 1-14

接下来我们来看两个利用历史数据进行逆袭的例子。

1. 春节出现的拐点

2017 年春节期间，我们主营的类目在小年前后出现了市场最低谷，如图

1-15 所示。这个时候的市场竞争较为缓和，因此我们加大了促销和推广力度，到了大年初四就迎来市场的增长期，在几天之内就让店铺从第三层级进入第六层级，如图 1-16 所示。因为在竞争缓和的时候打好了基础，所以付费推广单价也保持在较低的水平。

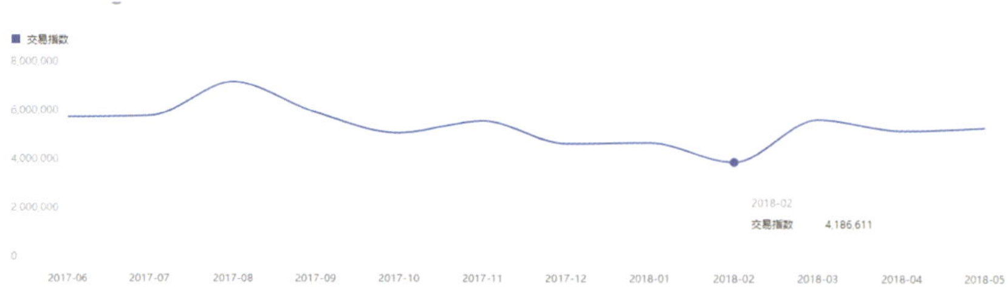

图 1-15

图 1-16

2. 大促后出现的拐点

2018 年“618”大促后，耳机市场出现了一个低谷期，如图 1-17 所示。我一个商家朋友的竞争对手，在这时突然增加了推广费用，主推一款产品，一下子把我朋友的一款 TOP 产品（指排名在前几位的产品）顶了下去。具体的案例我们会在第三章第四节中讲解。

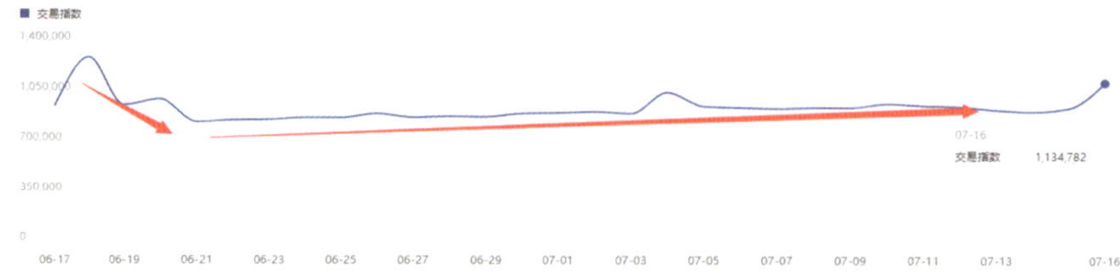

图 1-17

以上这些成功的逆袭，都是商家通过对历史数据的观察发现市场的拐点，然后将其应用到每天的运营工作中而得到的回报。

二、消费者对商家提出的新需求带来的拐点

小卖家作为市场的追随者，无法做到引领行业的变化，但是一定要紧跟潮流。大家要记住三个原则，抓住对应的拐点。

第一个原则：当市场上的产品出现多样化趋势的时候，要关注市场上的新产品。

比如 2014 年时，我们店铺销售的产品是拉杆箱，当时的产品的材质需求出现了新的变化，虽然我们也并没有处于最前沿，但是我们观察到，这种变化在 2012 年就出现苗头了，在 2014 年才正式爆发。如图 1-18 所示，2012 年时的拉杆箱市场，依然是 abs 材质和牛津布占产品材质的主流，abs+pc 材质虽然有了苗头，但是占比还很小。到了 2014 年，abs+pc 材质已经占总体的 55% 了，如图 1-19 所示。市场需求变化非常迅速，只有时刻关注这些变化，才能够快速抓住需求拐点。

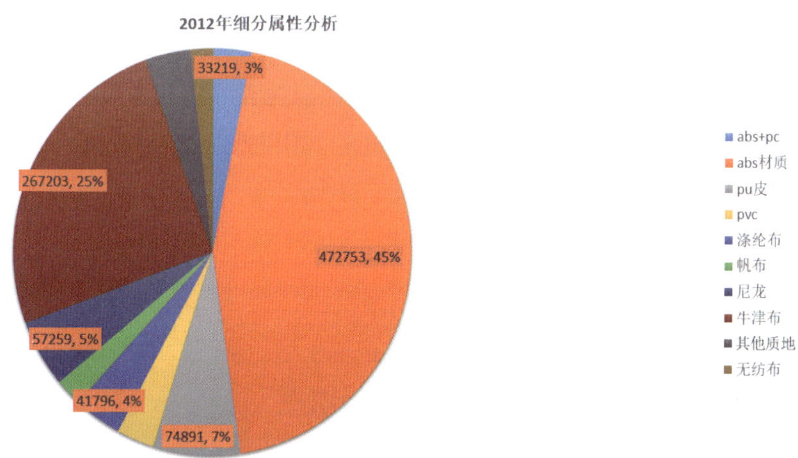

图 1-18

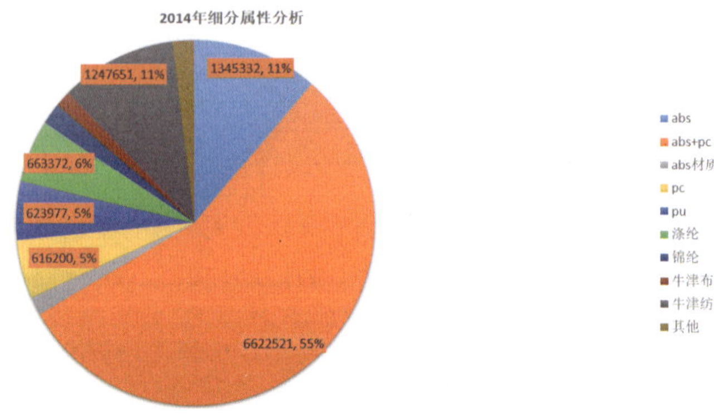

图 1-19

第二个原则：当市场上的产品已经基本同质化，在产品方面很难有突破的时候，要关注竞争对手带给消费者的体验变化。

比如三只松鼠引发的坚果行业的服务体验升级，海底捞引发的餐饮行业的服务体验升级等，都值得我们关注和借鉴。我们不一定能做到创新，但是一定要紧随这些变化趋势。

第三个原则：当在产品和服务体验方面都暂时无法突破的时候，就把你的眼光转移到美感的提升上！

我有一个朋友，在耳机产品同质化严重，大家都在拼功能、拼音效、拼服务的时候，他把眼光转移到把耳机做得更美、拍得更美上，在对客户的吸引力方面获得极大的提升。

相信这三个原则可以带给你很多新的思考。切记，跟风不可怕，但只有找对跟风的方向，你所做的努力才不会白费！

三、社会发展和社会热点带来的拐点

我们要对社会的发展和一些主流话题多加关注，在这里我给大家归纳出五个关键词。

1．第一个关键词：美

美、帅已然是当下社交的重要因素，手机的美颜拍摄、减肥产品的快速瘦身功效、美妆产品对颜值的提升等也受到年轻人的追捧。

2．第二个关键词："懒"

"懒"是人类的天性，随着社会的发展，人们的"懒"也越来越严重，而知识付费、外卖、扫地机器人、洗碗机等服务或产品，也越来越受到人们的欢迎。

3．第三个关键词：健康

随着生活水平的提高，大家对于自己和家人的健康更加关注，相关的产品有运动产品、保健品、绿色食品、有机食品等。

4．第四个关键词：复古

我们虽然生活在现代社会，但是也有很多人喜欢复古风。以服装行业为例，民族服装、唐装、汉服等都是较为流行的复古类产品。

5．第五个关键词：存在感

很多人在现实中社交活动不多，在网络中又人微言轻，但对于存在感的追求却很强烈，所以直播平台等具备社交属性功能的产品才会火爆。

牢记这五个关键词，我们在面对市场上出现的一些新事物的时候，可以更好地做预判，及时抓住市场起步时的新机会。

四、案例：我是如何把握住我的人生转折点的

2007 年，为了研究企业决策者是如何进行合理决策的，我第一次知道了数据化对企业决策的重要意义，我意识到，数据分析能力是企业决策者的一种重要能力。

2009 年，我第一次接触电商数据，就发现电商数据存在于各个业务之中，我预判电商的未来要以数据为核心。在这个阶段我意识到，数据分析能力将会从一种普通的能力转变为一种底层的核心能力，因此我加强了对各个业务板块的数据应用决策的学习。

2016 年，数据化正式成为时代的潮流，数据的概念也走入千万名商家心中，国家、电商平台、商家都开始推动数据化的发展。而到了这个阶段，我意识到这个时代需要我，需要我把前些年所总结的理论传达给更多人，于是我开始讲课、写文章，不断影响更多的商家和运营人员，帮助他们了解和应用数据。

这就是我的成长之路，我在合适的时间做了合适的事情，通过对数据前景的预判，提前做好了积累，终于等到了数据时代这个大拐点，站在了数据时代的风口上。

本节小结

对商家和运营人员来说，市场的竞争越来越激烈，错过先机往往需要付出更多，所以能够预判新的拐点动向非常关键。我们可以通过总结历史数据、调查消费者的新需求、追踪社会热点等方式去发现拐点。

本节思考题

结合你的优势和当前的市场情况，利用我们介绍的方法，你是否发现了属于自己的拐点和机会？

第四节
用数据转换思维让你胜人一筹

本节要点

理解数据转换思维对决策的重要性。

掌握数据转换的四种方式。

在店铺运营过程中，我们有时想更深入地了解某一个运营“动作”会对店铺带来什么影响，这时平台收集的原始指标就不够用了，我们需要对一些原始的店铺数据做转换，使其变成更容易理解的数据，帮助我们做决策分析。

一、数据转换思维在决策中的重要性

数据转换对决策的重要性，我们可以通过两个案例来更加直观地了解。

案例一：在其他因素没什么变化的情况下，我们提高产品单价，对销量会有多大影响？

某产品原价100元，然后涨到120元，价格为100元的时候，销量是1000件，到了价格为120元的时候，销量是900件。那么价格对销量的影响算式就是(900–1000)/(120–100)=–5，也就是每涨价1元，减少的销量是5件。知道了每涨1元对销量的影响，也就知道要涨到什么价位，才能够让销售额达到最高了。

接下来介绍一种通过 Excel 找到最高销售额的方法。

步骤 1：我们先把价格的变化和价格变化对销量的影响都填入 Excel 表格之中，如表 1-2 所示。比如降价 30 元的时候，销量就会在原来的基础上提升 150 件，销售额就会成为 (100–30) × (1000+150)=80 500 元。

步骤 2：插入一个线型图，这时候我们就可以看到价格定为多少时销售额最高，如图 1-20 所示，当价格在原来基础上提高 50 元的时候，也就是销售价格为 150 元时，销售额达到 112 500 元的最高值。

表 1-2

价格变化 / 元	销量变化 / 件	销售额 / 元
–30	150	80 500
–29	145	81 295
–28	140	82 080
–27	135	82 855
–26	130	83 620
–25	125	84 375
–24	120	85 120
–23	115	85 855
–22	110	86 580
–21	105	87 295
–20	100	88 000
–19	95	88 695
–18	90	89 380
–17	85	90 055
–16	80	90 720
–15	75	91 375
–14	70	92 020
–13	65	92 655
–12	60	93 280
–11	55	93 895
–10	50	94 500
–9	45	95 095
–8	40	95 680

续表

价格变化 / 元	销量变化 / 件	销售额 / 元
–7	35	96 255
–6	30	96 820
–5	25	97 375
–4	20	97 920
–3	15	98 455
–2	10	98 980
–1	5	99 495
0	0	100 000
1	–5	100 495
2	–10	100 980
3	–15	101 455
4	–20	101 920
5	–25	102 375
……	……	……

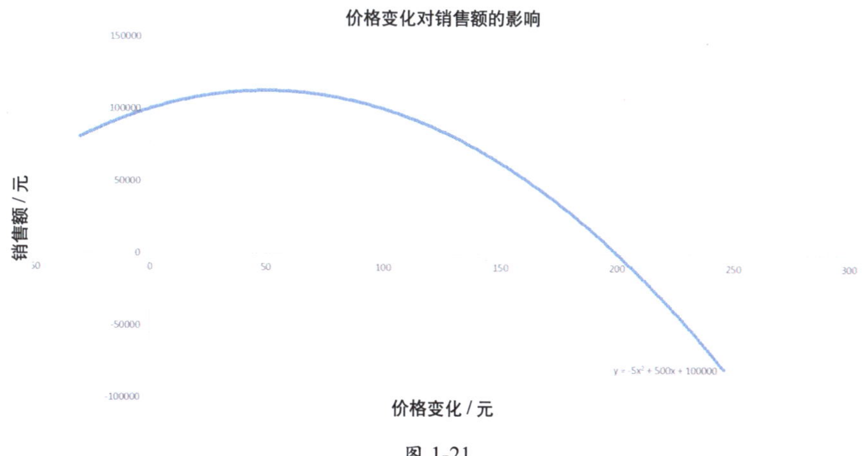

图 1-21

案例二：在其他因素没什么变化的情况下，直通车付费金额的增加对搜索流量提升影响有多大？

带着这个问题，我们从直通车后台和生意参谋后台分别获取三组数据，如表 1-3 所示。如果不进行数据的转换，那么单纯从这些基础数据上是比较难以直观看出其中的信息的。

表 1-3

	直通车付费金额 / 元	直通车带动的自然曝光量 / 件	搜索流量 / 人次
数据 1	1000	70 000	3000
数据 2	3000	160 000	4200

接下来我们将这些数据做一下转换，如表 1-4 所示，我们可以看到直通车的付费金额比一开始增长了 200%，其对自然曝光量的增长也是有促进作用的，我们可以看到直通车带动的自然曝光量增长了约 129%，但是实际上搜索流量只增长了 40%，那么得出的结论有两点：

（1）主图点击率差。

（2）除了直通车投放金额增加带来的自然曝光流量增长以外，直通车对间接的搜索权重加权效果也很差。

表 1-4

	直通车付费金额 / 元	直通车带动的自然曝光量 / 人次	搜索流量 / 人次
数据 1	1000	70 000	3000
数据 2	3000	160 000	4200
增长值	2000	90 000	1200
涨幅	200%	129%	40%

从这两个案例中我们可以到，如果我们不具备数据转换的能力，那么很多数据就无法变成真正可以帮助我们做出正确决策的数据。

二、数据转换的四种方式

1．综合描述的转换

我们常用的数据统计方法有求和、求平均值、求最大值、求最小值、计数、求集中度、求分散度等，这些方法可以帮助我们更清楚、更深入地了解一组数据。

我经常会遇到这样的场景：当我问朋友“店铺流量如何”时，得到的往往是一个笼统的回答。因为一般的老板和运营人员根本记不住每天那么多的数据，如图 1-21 所示。

日期	支付金额	访客数	支付转化率	客单价	无线端访客	老访客数	新访客数	UV价值2	跳失率	商品收藏买	加购人数	店铺收藏买	浏览量	平均停留时
2019/5/1	8884.08	4259	0.0615	33.91	4223	722	3537	2.09	0.5436	181	683	6	18049	13.4
2019/5/2	9955.65	5170	0.0569	33.86	5126	846	4324	1.93	0.5476	330	805	14	21680	13.48
2019/5/3	11788.01	7605	0.0454	34.17	7566	1065	6540	1.55	0.5712	498	1148	28	30137	13.55
2019/5/4	13720.09	6813	0.0587	34.3	6791	1100	5713	2.01	0.5655	388	1071	23	27147	14.19
2019/5/5	12258.34	6945	0.0501	35.23	6917	1155	5790	1.77	0.5695	347	987	18	27797	13.45
2019/5/6	11758.33	6151	0.0545	35.1	6106	1189	4962	1.91	0.556	316	993	24	24846	13.67
2019/5/7	10470.86	5273	0.0575	34.56	5223	1036	4237	1.99	0.5646	249	789	16	21905	13.19
2019/5/8	9089.45	5051	0.0523	34.43	5022	925	4126	1.8	0.5682	246	721	13	20393	13.38
2019/5/9	11064.58	5488	0.061	33.03	5438	959	4529	2.02	0.5547	285	756	14	22161	13.59
2019/5/10	11584.64	5736	0.0579	34.89	5691	1004	4732	2.02	0.568	291	867	8	24951	13.14
2019/5/11	11135.34	5213	0.0625	34.16	5167	956	4257	2.14	0.5672	279	757	15	21100	14.59
2019/5/12	9539.79	4806	0.0574	34.56	4780	898	3908	1.98	0.5787	210	705	14	20229	13.38
2019/5/13	8332.99	4621	0.055	32.81	4579	906	3715	1.8	0.5581	223	709	17	18322	13.5
2019/5/14	9522.4	5123	0.0566	32.84	5086	933	4190	1.86	0.5731	297	770	7	20596	13.74
2019/5/15	11050.94	6148	0.053	33.9	6104	889	5259	1.8	0.5636	297	920	8	23892	13.39
2019/5/16	12314.29	6311	0.0588	33.19	6269	1014	5297	1.95	0.5638	311	1025	8	25959	14.1
2019/5/17	11168.69	6154	0.0536	33.84	6110	982	5172	1.81	0.5666	292	966	11	24407	13.72
2019/5/18	13085.83	6916	0.0544	34.8	6878	1078	5838	1.89	0.5798	371	1045	19	27456	14.57
2019/5/19	12019.05	8938	0.0392	34.34	8912	1284	7654	1.34	0.5958	468	1306	26	32919	14.11
2019/5/20	11866.8	8376	0.0427	33.15	8324	1528	6848	1.42	0.5827	439	1173	29	29960	14.59
2019/5/21	10863.46	6935	0.0463	33.84	6890	1406	5529	1.57	0.5864	321	933	18	25283	14.69
2019/5/22	5815.41	5834	0.0298	33.42	5790	1185	4649	1	0.6039	316	809	19	21388	14.13
2019/5/23	2877.23	4323	0.0199	33.46	4282	979	3344	0.67	0.5684	256	698	13	16422	16.87
2019/5/24	2668.82	3371	0.0243	32.55	3335	815	2556	0.79	0.5438	186	517	4	14340	16.18
2019/5/25	17343.89	4665	0.1295	28.72	4641	1148	3517	3.72	0.5297	206	745	8	21604	14.52
2019/5/26	10834.03	4218	0.0925	27.78	4199	816	3402	2.57	0.537	213	671	7	18786	13.38
2019/5/27	6231.79	4502	0.0411	33.69	4473	677	3825	1.38	0.582	190	555	12	16365	13.32
2019/5/28	7542.37	4760	0.0473	33.52	4721	755	4005	1.58	0.5794	202	673	7	17753	14.06
2019/5/29	6081.73	4875	0.0388	32.18	4846	703	4172	1.25	0.5967	198	645	7	16960	14.15
2019/5/30	5913.15	3661	0.0464	34.78	3631	666	2995	1.62	0.6017	154	501	7	12959	15.5
2019/5/31	5598.96	4649	0.0366	32.94	4629	682	3967	1.2	0.5937	246	580	10	15325	14.96

图 1-21

如果采用综合描述的方式，就可以这样回答：本店铺这一个月的总体访客数是 30 万人，平均每天的访客数是 1 万人，流量最大的时候可以达到 3 万人，最少的时候是 5000 人，整体来看波动性比较大，其中店铺 80% 的流量集中在前五款产品上。

通过这样的综合描述，我们就清楚店铺访客的整体情况了。再进一步利用对比思维和细分思维，把竞争对手的访客水平和组成情况描述清楚，那效果就会更好。如表 1-5 所示，虽然从总访客数来看，本店比竞店（竞争对手的店铺）要多 5 万人，但是竞店的发展更加稳健，而且前五款产品流量占比 60%，优于本店的 80%，说明竞店的动销结构要比本店好。

表 1-5

	月访客数 / 人	日均访客数 / 人	日最多访客数 / 人	日最少访客数 / 人	前五款产品流量占比
本店	300 000	10 000	30 000	5000	80%
竞店	250 000	8300	10 000	6000	60%

再举个例子：我们在做标题优化的时候，仅仅通过各个关键词数据是很难看出什么来的，但是一旦对词根进行分析，效果就不一样了。比如总共有 10

个关键词，有的带来 100 个访客，有的只带来 10 个访客，如果对这 10 个关键词直接做分析，可能很难分析清楚。所以我们要分析词根，比如“蕾丝”这个词根，假如 10 个关键词里都带有“蕾丝”这个词根，就可以统计出总的访客数和转化率，根据数据的大小来判断这个词根该不该保留，如果词根表现不好，即使你换掉它，对产品的整体销售情况影响也不大。

2．单位效率的转换

在做店铺对比分析的时候，一些单一维度的绝对指标是无法直接对比的，比如 A 店铺销售额为 500 万元，团队有 100 人，B 店铺销售额为 100 万元，团队有 10 人，你不能简单地说 A 店铺比 B 店铺做得好，因为从人均贡献率角度来看，B 店铺的人均贡献值是 10 万元，而 A 店铺只有 5 万元。

当分析的主体体量不一致的时候，就要考虑用单位效率来衡量。我们应该都知道，成交量的大小与访客的转化情况有很大的关系，所以要想知道每天的成交情况好不好，就需要用转化率来描述，用平均每 100 人带来的成交金额来判断谁高谁低。

在我们平时的分析中，大家比较熟悉的指标还有点击率、收藏率、加购率、平均点击单价、平均客单价、访问深度等，它们都是单位效率指标。

3．涨跌幅度的转换

涨跌幅度的转换大家应该不陌生，因为本节开头的两个案例中都涉及了这种类型的数据转换。涨跌幅度的转换在数据对比的过程中，一般会有下面三种形式。

第一种是同一个指标不同时间的对比，比如这个月与上个月对比增长了 50%。

第二种是不同指标之间的对比，比如在本节开始部分的案例中，价格涨了 20%，销量下滑了 10%。

第三种是不同对象的同一个指标的对比，比如店铺销售额涨跌幅度与行业销售额涨跌幅度的对比。

2017 年底，我们发现每到淡季我们店铺的销售下滑幅度就远大于行业的下滑幅度，如图 1-22 所示。为了改善淡季的销售情况，我们在 2018 年进行了调整，重新规划了产品线，后来淡季的流量和销售额都取得了明显的提升。

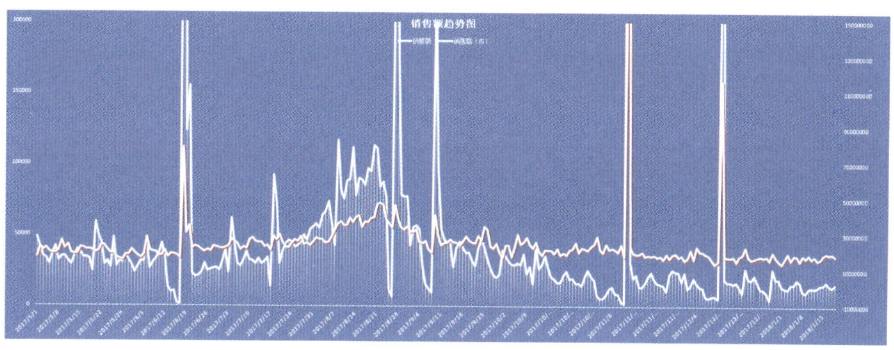

图 1-22

4. 数据百分比的转换

这种转换形式也是很常见的，比如我们把店铺的产品销售额按照百分比进行计算，得出的结论是前五款产品的销售额占了全店总销售额的 80%，又如我们做品类占比计算，发现羽绒服销售额占了冬季女装总销售额的 15%，等等。

我以前销售女装的时候，对店铺中所有不同板型的产品做过百分比统计。我发现东北地区的宽松款服装销售占比达到 60%，而修身款和其他板型服装才占了 40%，如图 1-23 所示。于是我们调整了宽松款服装的投放策略，使宽松款服装的数据表现变得更好。后来我们针对东北地区做了产品定制化开发，使整个店铺的宽松款服装销售额比之前提升了 30% 以上。

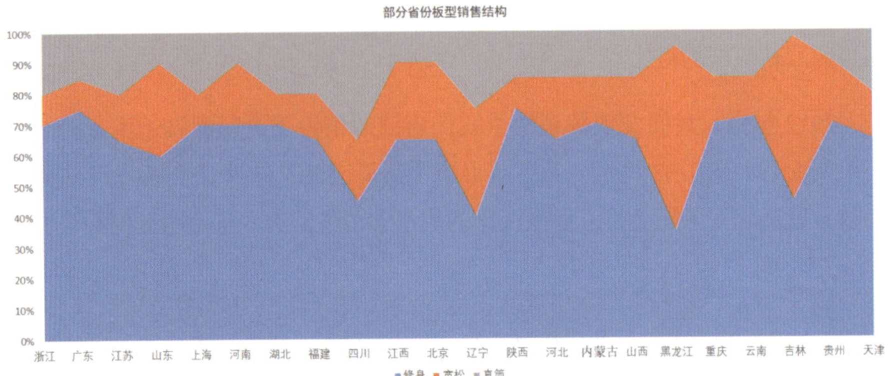

图 1-23

本节小结

这一节主要讲述四种数据转换的方法，分别是综合描述的转换、单位效率的转换、涨跌幅度的转换和百分比的转换。借助数据转换思维的力量，我们可以清楚地看到数据要表达的内容，以更好地做出合理的决策。

本节思考题

在我们做活动预热的时候，很重要的一个数据是把产品加入购物车的客户数量，请问你如何通过数据转换去计算把产品加入购物车后最终成交的客户数量？

第五节
用图表展示让菜鸟也看得懂数据

本节要点

掌握制作数据图表时需遵循的四个原则。

掌握常见的图表形式。

我们的日常工作离不开数据可视化，也经常需要和数据图表打交道。无论我们是做店铺诊断分析，还是要给品牌方讲解方案，一张清晰明了的数据图表，往往能减少很多时间和成本浪费，帮助管理者快速做出合理决策。

如图 1-24 所示，同样的数据采用了三种不同的展示方式，对我们解读数据有着截然不同的帮助效果。

第一种展示方式是纯数据表达，虽然数据明确，但是我们需要花费比较长的时间来查看数据。

第二种展示方式是图表形式，图表虽然比单纯的数据直观，但是这张图却不能让我们进行直观的对比，甚至看起来更加混乱。

第三种展示方式也是图表形式，但是我们在分类处理之后，通过这张图可以直观地对比同品类下不同尺寸产品的差异。

展示方式一

类目	销售			库存			差异		
	L	M	S	L	M	S	L	M	S
连衣裙	21.59%	44.06%	34.36%	20.60%	45.51%	33.89%	-0.99%	1.45%	-0.46%
毛针织衫	13.83%	51.55%	34.61%	16.02%	54.85%	29.13%	2.19%	3.30%	-5.49%
牛仔裤	26.18%	36.72%	37.09%	27.52%	40.47%	32.01%	1.34%	3.75%	-5.09%
T恤	16.87%	48.27%	34.86%	19.15%	46.55%	34.30%	2.28%	-1.71%	-0.57%
衬衫	19.46%	45.85%	34.69%	20.29%	46.45%	33.27%	0.83%	0.60%	-1.43%
休闲裤	22.89%	42.27%	34.84%	20.13%	45.74%	34.13%	-2.76%	3.47%	-0.70%

展示方式二

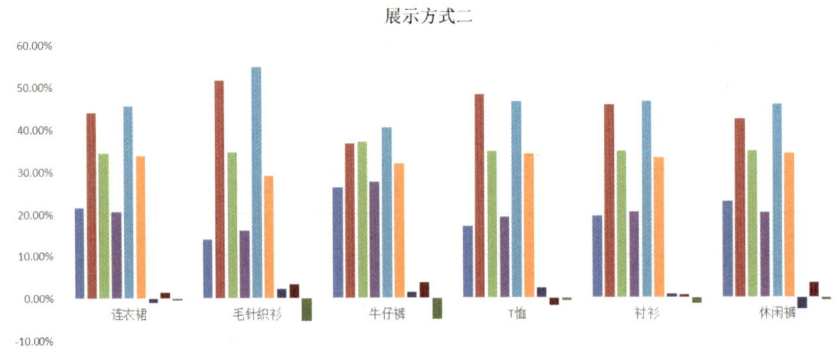

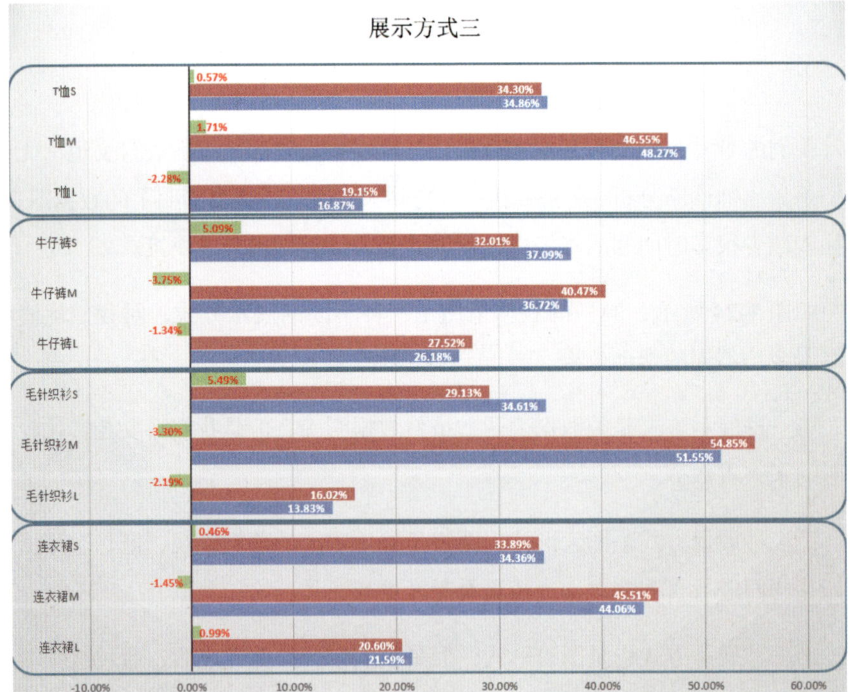

图 1-24

因此，我们只有采用合适的展示方式，才能够让数据变得具有可阅读性、可分析性。

一、制作数据图表时需遵循的四个原则

1．要明确分析的目的

由于商家的店铺数据指标非常多，在分析过程中要根据分析目标只展示需要的指标，所以不要忘记自己的目的是什么，不要一味追求展示更多的数据，否则不但不会帮助我们做决策，还会影响我们判断问题。

比如，我们想分析一款产品的流量的精准性会不会随着流量的变大而越来越低。

这时候就只需要展示两个指标：流量（访客数）和转化率，看看流量增长的时候转化率的表现是否下滑，像销量、客单价这些指标就不需要放进来展示了。

如图 1-25 所示，我们可以通过访客数和转化率之间的散点分布图发现，有三个不同的数据呈现。

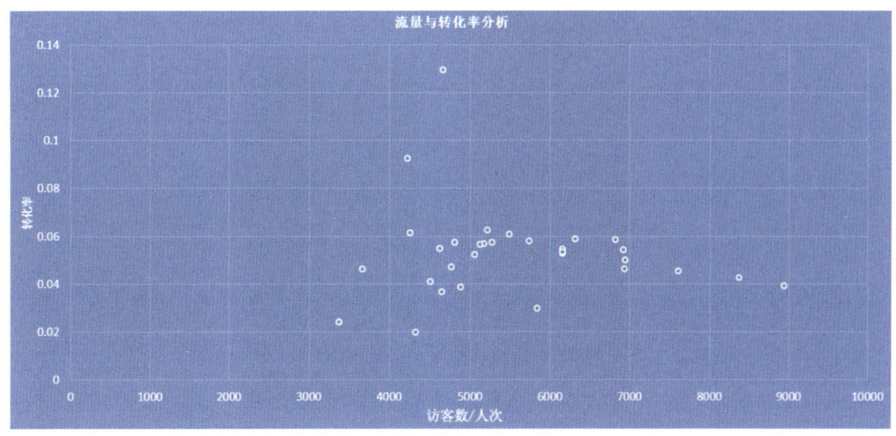

图 1-25

在访客少于 5000 人次时，访客数不仅不会降低转化率，还能提升转化率，说明流量的推送也越来越精准。

访客在 5000—7000 人次的时候，转化率保持平稳。

访客多于 7000 人次时，转化率开始出现下滑的趋势。

以上数据说明，当访客多于 7000 人次时，平台推送给店铺的流量的精准性就开始下滑了。

2. 要注重数据的对比

单纯的数据是没有太大意义的，也难以帮助我们发现问题。在分析数据时，一定要注意数据之间的对比。

比如，单纯地知道这个月的转化率是 3%，我们没法得到有效信息，还需要进行数据的对比，如图 1-26 所示。

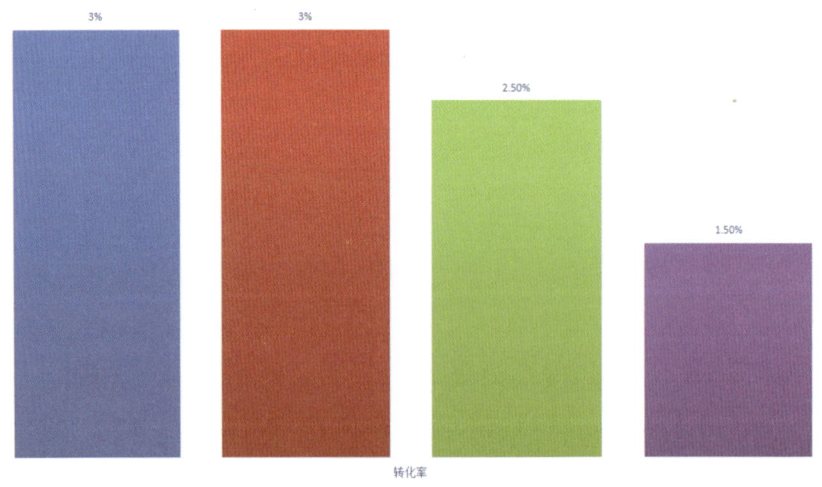

图 1-26

与上个月的 3% 的转化率对比，这个月没有增长；与竞争对手的 2.5% 的转化率对比，我们比他们高了 0.5%；与竞争对手上个月的 1.5% 的转化率对比，我们比他们高了 1.5%。通过对比，我们清楚了自己在行业里的状况。

但我们也发现，虽然我们现在的转化率比对手的数据要好，但是我们并没有继续变好，而竞争对手的转化率却比上个月提升了 1%，对手是做了什么调整带来了转化率的提升呢？这是我们下一步需要去关注和分析的地方。这就是一个典型的通过数据对比发现问题的案例。

3．要简化图表的展示内容

关于图表内容的简化，需要记住以下四点。

第 1 点：不同的指标尽量不要超过两个，比如在流量和转化率这两个指标的关系展示中，一旦有了第三个指标，图表就会变得很复杂。如图 1-27 所示，指标一旦变多，就可能出现数值量级不对等而无法展示的情况。

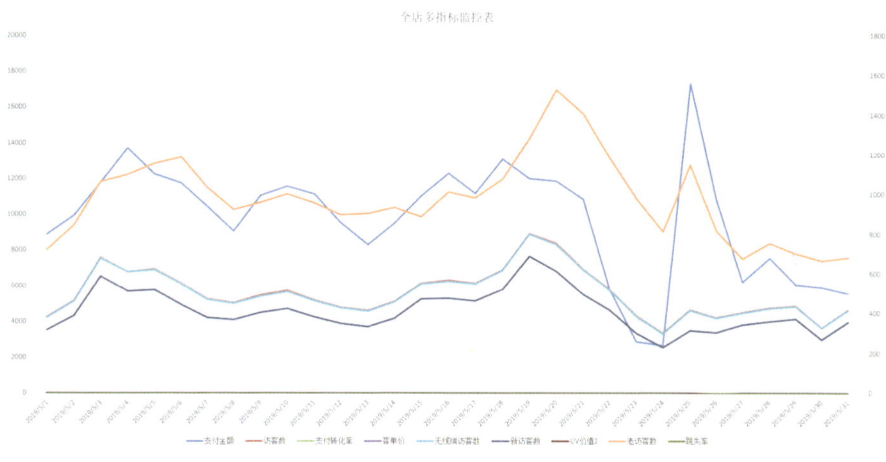

图 1-27

第 2 点：展示的类别不要超过 10 个。如图 1-28 所示，虽然只有 7 个类别，但是看起来已经很复杂了，如果类别再多，看起来就会有些眼花缭乱。

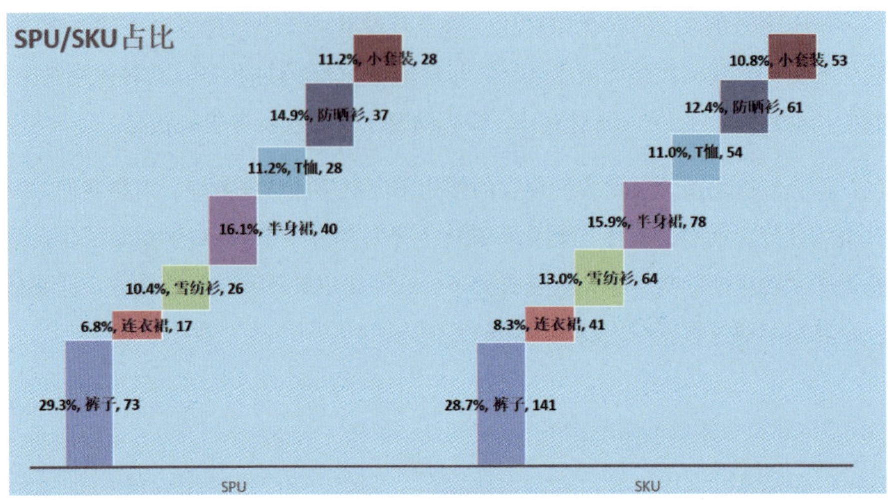

图 1-28

第 3 点：时间的跨度不要超过 30 天。这一点也很好理解，30 天的数据已经算是比较丰富的数据了，如果数据更多的话就容易堆积了。

第 4 点：数据单位和指标名称要标注清楚。比如你的数据单位是万元而不是元等，需要标注清楚。

如图 1-29 所示，我们不知道这个表格是分析什么的，也不知道标注的数值都代表了什么，而图 1-30 就非常清晰地展示了图表的分析内容，所以一定要标记好数值所代表的内容。

4. 展示的形式要从整体到局部

数据展示要逻辑清晰，先从整体看变化，再从局部看变化，才容易发现问题，找到问题的解决办法。

比如在做流量分析的时候，一般先分析全店流量，再分析渠道流量，然后把渠道流量分解为单品流量，这实际上也应用到我们前面所说的细分思维了。

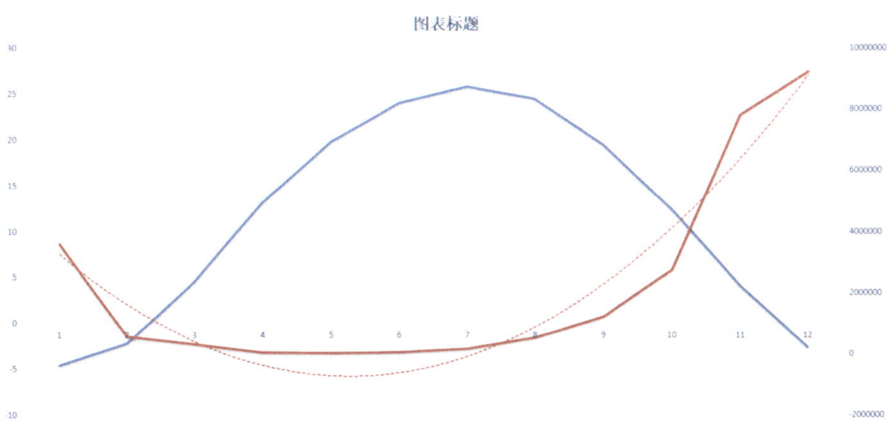

图 1-29

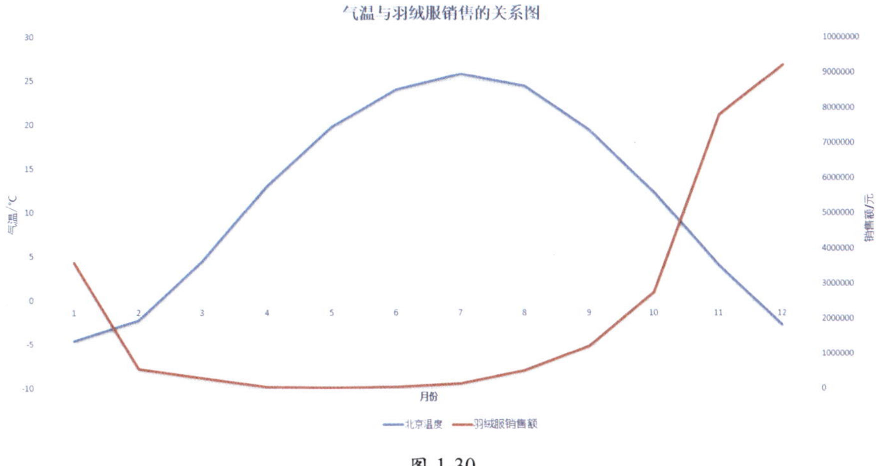

图 1-30

二、常见的图表形式

在日常运营工作中，常见的图表形式主要有四种，分别是柱形图、折线图、饼图、散点图。那么作为新手应该选择用什么图表呈现数据呢？我们可以掌握以下四句口诀：

“数据对比用柱形，时间相关用折线，整体构成用饼图，关系分布用散点。”

下面我们分别进行讲解。

（1）数据之间的对比用柱形图：比如全国主要地区门店的销售额对比，如图 1-31 所示。

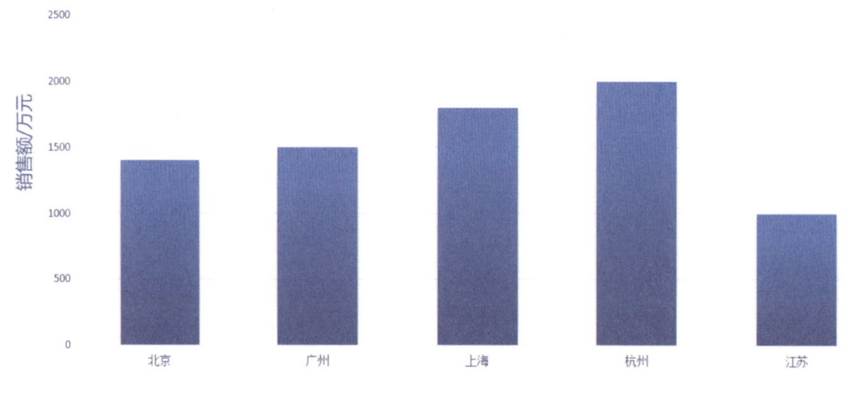

图 1-31

（2）与时间相关的指标用折线图：比如某产品最近 30 天的销售走势，如图 1-32 所示。

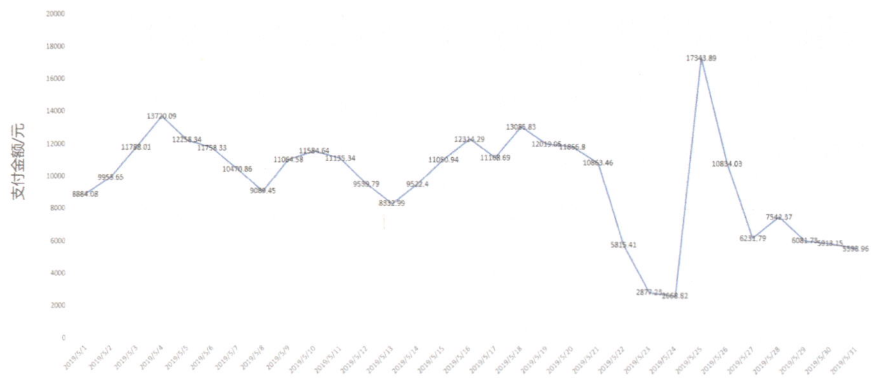

图 1-32

（3）整体结构的分布用饼图：比如女装是由连衣裙、衬衫、裤子等品类构成的，其占比如图 1-33 所示。

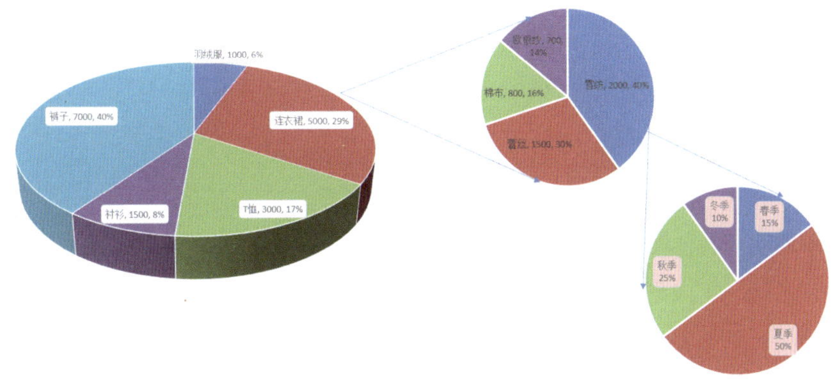

图 1-33

（4）数据的分布和数据之间的关系用散点图：比如耳机类目的价格分布、价格和转化率之间的关系等都可以用散点图来展示，如图 1-34 所示。

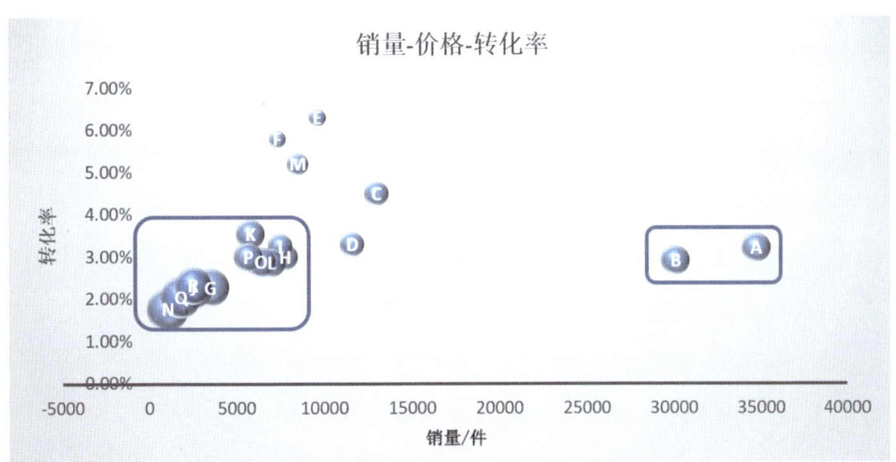

图 1-34

本节小结

通过对本节内容的学习，应掌握做好图表的四个原则：明确目的，注重对比，图表清晰，总分结构。还要牢记选择图表的口诀，这样我们可以更好地利用图表帮助我们找到数据的规律，从而实现高效决策。

本节思考题

新年度开始的时候，平台小二要求店铺运营人员汇报去年店铺的发展情况，用于评估新一年中平台给店铺的扶持力度。现在你可以利用我们的五大思维来简单地做一下汇报，要求将图表控制在5张以内。看看谁做的数据报告能够更加全面直观地展示店铺情况。

第二章

利用数据化快速掌握市场竞争状况

第一节
成功的运营人员必须关注的六要素

↘ 本节要点

了解运营成功的六要素。

从本节开始我们一起学习数据化运营的第二部分：利用数据化快速掌握市场竞争状况。我们处于一个全民创业的时代，我们一次次被媒体宣传的成功案例“挑逗”得热血沸腾，但是无论你是想成为像马云这样的商业领袖，还是只想开一家普通的夫妻淘宝店，“血淋淋”的事实告诉我们，很多电商创业者都面临失败的结局。

为了帮助电商运营人员找到正确的思考框架，我们引用“运营六要素”模型来帮助大家洞悉决定电商运营成败的主要因素，如图 2-1 所示。

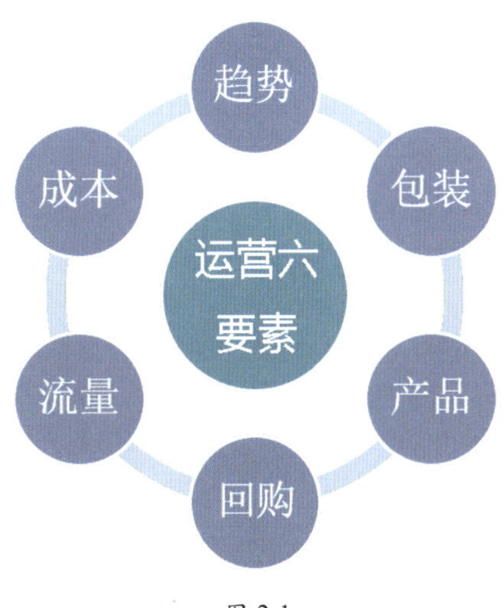

图 2-1

一、趋势

顺势而为是成功的重要因素，有很多成功的人都是因为跟上了时代趋势。无论是想要得到更多流量，还是要做好转化，都要顺势而为。比如 2013 年做拉杆箱业务，拉杆箱行业年均 70% 的销售额增量，使得产品好的商家几乎都“跑”起来了，而我们用了近半年时间就实现了 2000 万元的业绩增长。又如我们用了七天做到从第三层级到第六层级的快速跳跃，也是因为跟上了过年期间销量增长的大趋势。而违逆市场趋势的行为都将付出惨重的代价，像夏季卖羽绒服，你就需要花费很大的代价才可能卖得动。

需要特别注意的是，趋势是获得成功的大前提，却不是获得成功的唯一因素。当年我坐上了早期的淘宝商城这趟“列车”，在女装类目获得过巨大的成功，也因为市场竞争的变化而不得不退出这个类目，所以我们要做的是通过数据分析走好每一步！

二、包装

这里说的包装是一个宽泛的概念，它包含了设计美感、营销推广、品牌故事、定价打折等。

比如你在店铺页面上突然放出产品要涨价的信息，就可能会让观望很久的人马上购买，这也是一种包装形态，叫营销包装。

同样属于零食行业，卫龙通过“玩味十足”的包装风格博得了大众眼球，吸引了更多的流量;一个经营农产品的商家因为在主图中放上了自己的身份证，让消费者觉得很真诚，从而得到了消费者的信任。所以包装不一定是狭义的包装瓶、包装袋等的设计。

当产品转化率不高的时候，可能我们的第一反应就是产品不好，其实没那么简单。以服装为例，实际上并不一定是产品质量不好，影响转化的可能是款式设计不好、选择的模特体现不出衣服的特色，或者店铺的整体表现无法获得客户的认可，等等。所以包装在很大程度上决定了消费者是否会购买，而产品质量本身影响得更多的是回头客和口碑。

可见，包装的重要作用就是勾起还没有体验过产品的潜在客户的兴趣。

三、产品

上面提到过，产品本身影响的主要是回头客和口碑，而非促成客户的第一次消费决定。

以前我每次经过水果连锁店百果园的时候都舍不得买水果，原因很简单，就是觉得贵，感觉大大小小的超市、街边店铺的水果我都吃过，它们的味道也差不了多少。有一次我想吃猕猴桃，就去百果园买了一些，结果吃起来味道真的很不一样，水果非常鲜嫩。所以我就觉得他们的水果贵是有道理的，从那以后我买水果都会优先选择百果园。

那什么产品才算是一款好的产品呢?

首先，好产品一定具有一种鲜明的特色。

比如大家所熟悉的海底捞，我们的第一印象不是海底捞火锅的味道在川味火锅中特别突出，而是他们的服务做得特别好，和其他餐饮品牌形成了鲜明对比，让大家都知道去海底捞吃火锅就是舒服。

其次，其他环节没有什么毛病。

鲜明的特色才会让消费者留下深刻的印象，而没有毛病则是为了不给消费者放弃的理由，两者缺一不可。如果消费者认为你的产品有瑕疵，内心对你的产品的印象就会大打折扣，即使在你眼里这个瑕疵根本不重要。

最后，对于打造好的产品需要不断琢磨每个细节。

很多电商人往往觉得自己的产品已经很好了，很多的时候根本不把重心放在产品上。实际上，一款好的产品是需要“病态式”研究各方面细节才能打造出来的。

总之，对于一个打算做长久生意的企业而言，产品质量永远是重中之重，而优秀的产品都要经过千锤百炼。

四、回购

流量红利时代已经结束，淘宝、天猫会把更高的搜索权重赋予那些回购率高的店铺，因为它们可以带来更多的回购，而一些具备高回购率特性的品类更适合用免费试用来提升产品的体验效果。

比如超市往往会做一些“特价日”活动，虽然部分产品便宜了，但是却引来消费者进店，而最后他们会买更多产品。

那么你可能会想，如何让自己的项目有持续的重复性消费呢？

影响重复性消费的有两个因素。一个因素是产品的天然属性，比如零食就是比 3C 产品有更多的重复性消费，女装就是比男装有更多的重复性消费；另一个因素是产品的设计，比如手机的电池不能更换，会导致消费者加快手机更换的速度。

因此，在运作一个项目的时候，一定要为自己的客户设定回购的情景，哪怕只设计简单的优惠券也是一种争取方式，别让自己花了那么多成本获取的客户变成“僵尸客户”。

五、流量

流量对于电商运营人员来说就是一个魔咒，无数电商运营人员为了获得流量各出奇招，却对引进流量后的转化不知所措，导致流量无法维持并且后续客户价值无法获取。流量的转化，关系到前面说的包装、产品、回购等问题。

以前有很多皇冠店铺，在早期获得了大量客户，但后来随着获取流量的成本不断增加而逐渐沉寂甚至消失了，就是因为他们的客户没有沉淀下来。实际上只要能够维护好一部分客户，就能够让我们生存得很好。

从流量来源上说，一般店铺中会有两个层面的流量：自带流量和平台流量。

自带流量：网红粉丝流量、品牌导入流量、老客户流量等。

平台流量：搜索流量、付费流量、平台活动流量等。

当我们运营一个项目的时候，一定要先分析该项目的流量获取结构，以及自己是否有获取这部分流量的能力，比如你进入的一个类目主要依赖付费流量，那么你要考虑一下你前期的投入资本是多少。

总之你会发现，获取流量的能力和维持住转化率和回购率的能力才是运营的核心能力。

六、成本

成本是所有运营人员都无法绕开的一个话题，有货品成本、平台扣点、推广成本、企业税收、物流成本、人工成本、场地成本等各种各样的成本。当我们没仔细考察市场竞争情况，盲目进入一个市场，面临低价竞争的时候，这些成本会压得我们喘不过气来，甚至会出现卖一笔亏一笔的残酷状况，这要求我们不得不控制好运营成本，做好精细化运作。

本节小结

本节讲的是企业运营人员要重点关注的六个要素。希望通过对趋势、包装、产品、回购、流量、成本这六大要素的分析，能帮助大家系统思考运营问题，回归商业本质，帮助企业长远发展。

本节思考题

分析自己的一个成功或失败的项目，思考一下项目的成功或失败主要是因为上面提到的哪个环节导致的。

第二节 市场容量决定了店铺的发展规模

本节要点

了解市场容量选择的误区。

掌握市场容量的选择以及对变化的预判方法。

曾经有个卖家朋友找我做咨询，对我讲述了他们的一些情况。2017 年他们的推广投入大概是 50 万元，年销售业绩是 500 万元。在做 2018 年规划的时候，就想把销售目标定在 1000 万元，把推广投入增加到 100 万元。但是结果不太理想，2018 年的业绩只有 600 万元。

然后我就通过数据去帮他们寻找关键原因，最后数据显示，是因为市场容量太小限制了他们的发展。我看了数据后发现，该行业的市场整体规模还不到 1 亿元，这个卖家的销售额已经占了市场 8% 左右的份额，而且市场需求也增长缓慢，这就导致了这个卖家想要抢夺更多市场份额需要付出的代价要远远高于早期，因为他必须在现有的固定的“池子”里，去抢夺别的商家的份额，才能够获得增长，而这个时候势必会引起大家打价格战来保障自己的市场地位。

试想一下，如果这个卖家在选择市场的时候，注意到了市场容量大小的问题，就不会犯这种错误了，可见入市前做合理预判避免盲目砸钱扩展是多么重要。如果他把新增的 50 万元推广费用转换为给买家的福利，或者用于提升客户体验，那么带来的效果可能要远好于做推广的效果。

一、市场容量分析在日常运营中的应用

电商的发展，打破了地域的限制，让一些很小众的产品也能卖得不错。这导致了很多人忽略了对市场容量的分析，认为自己什么东西都可以卖“爆”，花 100 万元进军 10 万元的市场这种疯狂的举动也比比皆是。

在我们的实际工作中，对市场容量的分析非常重要，其应用也非常广泛，我们举两个常见的例子来分析一下。

（1）在做类目选择的时候，你是选择卖数码产品还是卖蟑螂药呢?

在选择市场容量的大小时，并不是市场容量越大就是越好的，你要选择多大的市场取决于你的目标有多大。一个想养家糊口的人和一个想赚千万身家的人，在市场容量的选择上是不一样的。如图 2-2 所示，我们可以看到“3C 数码”类目的市场容量远远大于“蟑螂药”类目，所以想赚千万身家的人就只能选择“3C 数码”类目，而如果仅仅要求养家糊口，也许选择“蟑螂药”类目是更合适的。

市场容量大小

图 2-2

（2）在做标题优化的时候，你是选择热词、大词还是长尾词呢？

每个关键词的搜索需求不同，代表背后的消费人群以及市场容量不同，相应的销售规模和竞争度也会不同。

如图 2-3 所示，“双肩包”这个词要比“背包女双肩”这个词的搜索人气高出差不多一倍，它们代表了两个不同的市场。

搜索词排行　热搜　飙升

搜索词	热搜排名	搜索人气	点击人气	点击率	支付转化率	操作
双肩包	1	42,055	32,149	114.31%	6.36%	搜索分析 人群分析
书包女韩版高中	2	37,662	28,060	87.27%	8.20%	搜索分析 人群分析
双肩包女	3	33,896	27,167	112.29%	7.37%	搜索分析 人群分析
背包	4	32,744	22,913	90.67%	9.19%	搜索分析 人群分析
书包男	5	30,735	22,934	81.40%	14.56%	搜索分析 人群分析
书包女	6	30,095	22,486	91.84%	9.92%	搜索分析 人群分析
书包韩版原宿ulzz...	7	27,380	19,142	74.33%	5.26%	搜索分析 人群分析
书包中学生	8	26,814	19,411	82.09%	12.52%	搜索分析 人群分析
背包女双肩	9	24,311	17,774	92.94%	8.34%	搜索分析 人群分析
书包女ins风	10	23,213	17,886	92.87%	6.72%	搜索分析 人群分析

图 2-3

再从人群的角度来看，如果店铺是针对女性群体的，如图 2-4 所示，“双肩包”与“背包女双肩”这个词的搜索人气差距就没刚才那么大了，而且“背包女双肩”的搜索流量更加精准，转化率也更高，在产品运营的起步阶段可能就更适合选择了。

对于这些场景，都需要我们对市场容量进行分析后再做出选择。

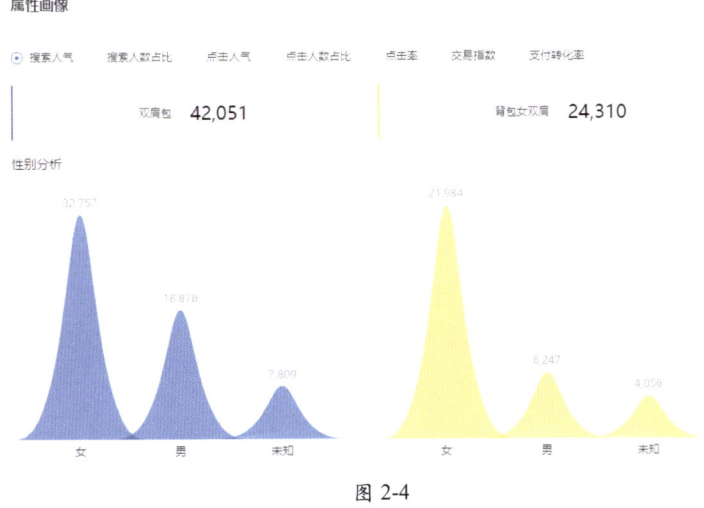

图 2-4

二、市场容量大小选择的误区

很多人以为，市场容量越大，市场竞争就越激烈，比如女装类目市场竞争就非常激烈。其实这是一个很大的误区，接下来我们分析一下容量大与容量小的市场的特点。

1. 商家强弱

市场容量越大，越能够培育出大型商家，而大商家的竞争优势也就越明显，所以我们可以看到，知名品牌商家大多是大类目下的，所以给大家造成市场容量越大竞争越激烈的感觉。因为大类目商家在资金、团队、供应链等方面都更有优势，对小商家的冲击自然就非常大。而小类目则反之，商家体量都不大，新商家超越老牌商家的概率更大。

2. 垄断性

越大的市场越不容易被商家垄断，越小的市场越容易垄断，所以并非大市场的竞争比小市场激烈。小市场容易被垄断，新商家想要打破这种垄断，就必须抓住市场“上新”的需求，或者选择价格战。另一方面，如果发现了还没被垄断的小市场，快速建立自己的市场优势是比较容易的，这也是很多时候在小市场中经营非常容易的原因。

3. 细分市场

越大的市场其细分市场就越多，机会也就越多，所以虽然女装市场竞争激烈，但是能够“做起来”的也多。而小市场是很少有细分市场的，比如蟑螂药市场能够细分出多少市场呢？

三、市场容量的决定因素

了解了市场容量，能够帮助我们做出合理的投入估算。判断市场容量的逻辑是怎么样的呢？决定市场容量的主要有两个因素。

第一个是对产品有需求的人。

第二个是有相应消费能力的人。

比如对汽车有需求的人是 1 亿人，但是需要单价 10 万元的车，又能够消费得起的有 1 万人，那么这个市场的容量就是 10 亿元。

即使是摆地摊、发小广告也离不开对于市场容量的分析。我曾看过一篇文章，一名主播放弃了 5 万元的月薪，通过摆地摊开上了 300 万元的路虎，而其中的秘诀就是她跑到了云南丽江这个有需求、有消费力、市场容量大的地方去摆地摊。而付出同样的努力，如果是在一个无人问津的巷子里，摆一辈子都难以有她的成就。

四、市场容量的选择及市场容量变化的预判

1. 要选择至少比目标大 100 倍的市场

一般来说，在电商市场中，10 亿元以上的市场算大市场，1000 万—10 亿

元的算中型市场，1000 万元以下的算小市场。如果我们的目标是销售额 1000 万元，那么至少要选择 10 亿元容量的市场。

2．要善于预判未来的市场容量

市场容量不是一成不变的，这就要求我们具备敏锐的商业嗅觉，准确地预判未来的市场容量。

比如某年的刘德华演唱会，就导致了“刘德华同款”服装需求急剧增加，一个小店在短短几天里就销售了 10 万元的服装。

3．注重二三线城市的市场需求

比如有数据调查显示，喜欢嘻哈文化的人大多集中在二三线城市，随着二三线城市消费水平的提升，与嘻哈相关的产品将会有更大的市场容量。

4．关注新技术的升级

比如蓝牙耳机技术逐渐成熟，人们对传统耳机的需求会逐渐向蓝牙耳机转移。又如拉杆箱的 abs+pc 材质代替了以前的 pc 材质，成为市场需求最大的拉杆箱材质。

本节小结

有需求和消费能力才有市场，市场的容量会限定店铺能达到的规模，希望大家在选择类目或者开发产品的时候一定要重视对市场容量的分析，选择适合自己目标的市场。

本节思考题

如果你的企业或者店铺遇到了市场容量瓶颈，你会从哪里突破？

第三节
市场操盘所面临的竞争垄断与分配

↘ 本节要点

掌握需要重点关注垄断问题的类目特征。

掌握市场可分配容量的计算过程。

我曾去过杭州一家公司，该公司财大气粗，想进军化妆品行业，花了半年时间投入了上百万元资金，请了广告公司策划广告，做了各种准备，却没接到几笔订单，老板苦恼不已，有钱也不敢再投入了。刚开始我也是难以置信的，但后来我通过数据发现，这是市场的垄断性和分配不均所导致的。如图 2-5 所示，他们所切入的市场中，TOP100（指前 100 名）商家销售占比达 60%，尤其是 TOP10 商家势头非常强劲，占了整个市场 32% 的销售占比。另外，整个市场中有销量的卖家数占比不到 10%，这样的市场垄断性非常强。

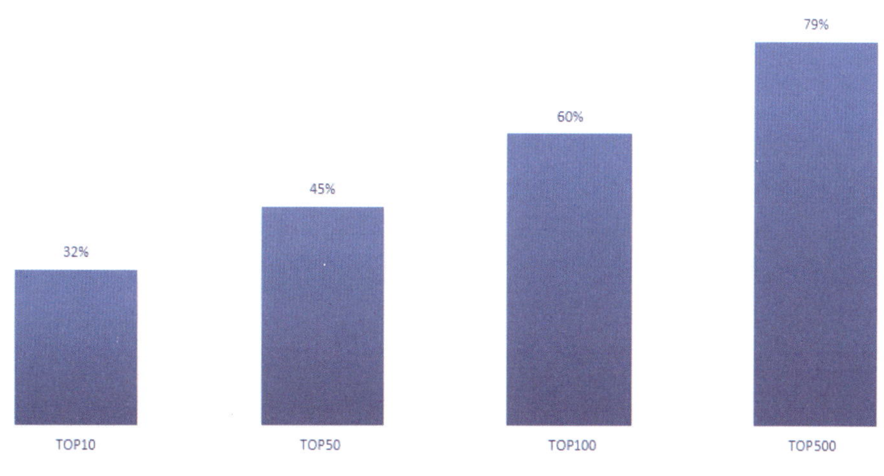

图 2-5

公司失败的原因之一就是没有在入行前做好市场垄断性分析。即使财大气粗，如果没有找到合适的切入点，也不得不付出惨重的代价。一个刚进入市场的新品牌，即使有雄厚的资金打价格战，也会很容易被联合起来打垮，就是因为这个市场的集中度太高。

可见，市场的垄断性是在入行选择阶段就需要慎重分析的，市场的垄断性和分配情况往往能反映竞争的激烈程度。下面我告诉大家如何判断一个行业是否还有进入的机会。

一、三种类目的市场容易形成垄断

现有的一些市场由于天然的商业属性，很容易导致垄断。那么什么类型的市场需要我们特别注重垄断性分析呢？

1. 市场容量小的类目

这种类目的市场比较小，先进入市场的卖家比较容易快速抢到大量的市场份额，变成“土霸主”，比如蚊帐类目等。但是这种“土霸主”往往危机意识不强，对产品优化、客户体验都不太重视，比较容易让新人后来居上。

2. 标品类目

标品类产品由于属性少，导致关键词也非常少，这会造成流量过度集中，再加上标品市场本身同质化就很严重，买家往往会选择销量高的产品，容易造就强势单品。比如化妆品类目，如果不在特定时机、没有独特优势就很难切入。

3. 高门槛类目

对科技、资源、制造能力等要求比较高的类目，普通商家基本上没有机会切入。比如科技含量高的产品手机，手机市场基本上都是大品牌公司在争夺，小商家夹缝生存的可能性非常小。

二、判断垄断性的标准

垄断分析这么重要，如何判断一个行业是不是高垄断行业呢？大家记住一个指标和一个原则就可以了。

一个指标：TOP100 商家销售占比超过 30%，TOP500 商家销售占比超过 50%，那么这个类目基本上就是一个垄断性很强的类目了，入行需谨慎！

一个原则：市场规模越大，且垄断性越强时，越不能轻易进入。

三、四步计算垄断性与市场可分配容量

我们可以利用生意参谋数据来进行计算，以“双肩背包”类目为例，具体步骤如下。

1. 统计该类目市场上的总销售件数

在生意参谋“市场—属性洞察”下面，找到所分析类目后台全部的必选

属性，这样才能够保证计算的总数是本行业产品的总销售数量。如图 2-6 所示，双肩背包类目属性中“是否可折叠”是必选项，我们把对应的选“是”和“否”的“支付件数”一栏的数字加起来就是总支付件数了，总数为 5 658 519+2 849 263=8 507 782 件。

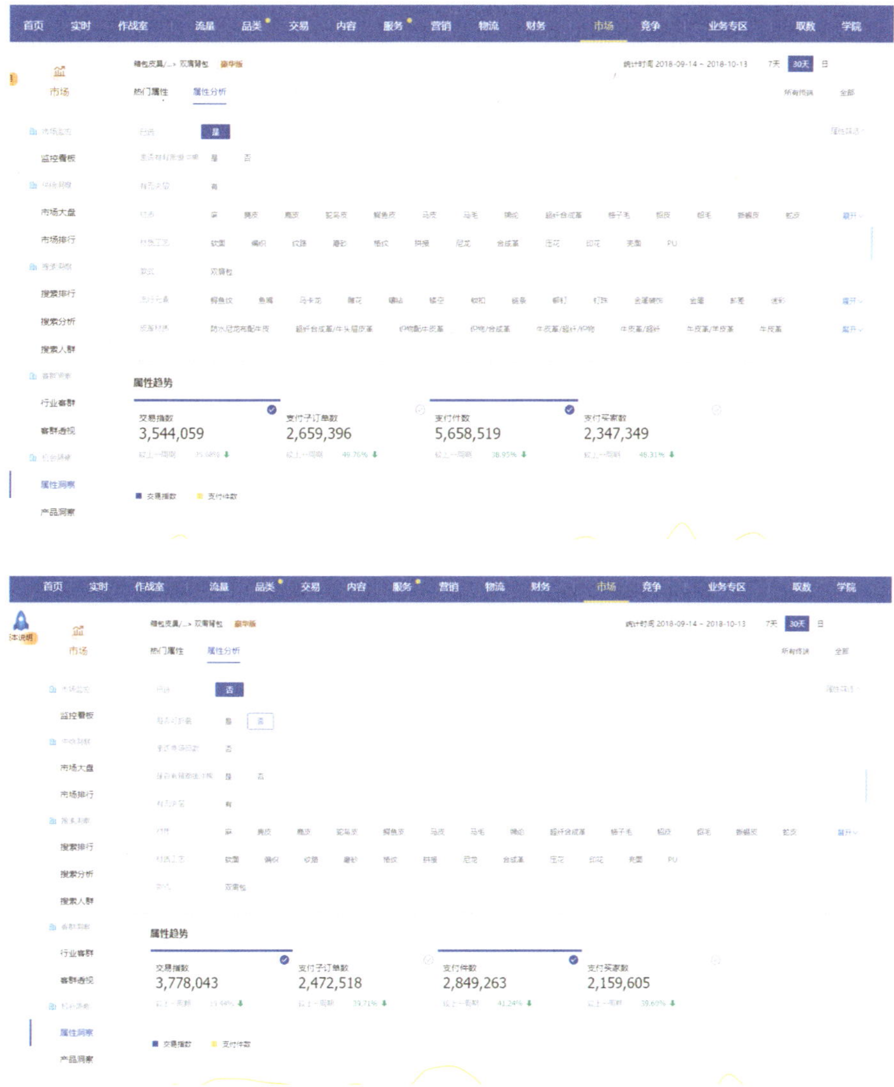

图 2-6

2. 统计 TOP100 和 TOP500 店铺的销售件数

在生意参谋“属性洞察—属性分析”下面，会有单品和店铺数据，如图 2-7、图 2-8 所示，可以选择 TOP500 的店铺进行统计分析，但是要注意一个问题：并不是所有类目都需要分析 TOP500 的店铺，有些类目本身产品数就少，甚至可能连 500 个店铺都没有，所以要具体情况具体分析。

图 2-7

店铺	交易指数	支付件数/件	支付转化指数	操作
诗芬妮旗舰店	428,136	965,186	3,830	趋势分析
aspensport旗舰店	344,604	49,223	3,731	趋势分析
沃曼威斯旗舰店	277,781	36,962	3,924	竞店分析
wolfhorse箱包旗舰店	265,086	34,068	4,640	趋势分析
svvisssvver箱包旗舰店	238,650	13,310	4,894	趋势分析
仕墨梵旗舰店	222,024	25,232	3,648	趋势分析
卡帝乐鳄鱼官方旗舰	214,600	10,717	10,443	趋势分析
lkbag旗舰店	214,139	30,135	4,940	趋势分析
骆佰斯旗舰店	203,386	21,052	4,080	趋势分析
森马箱包旗舰店	196,887	17,232	7,361	竞店分析
美洲野牛旗舰店	190,536	8,286	8,733	趋势分析
POY花曦家官方店 每日好店双肩包	188,654	23,668	7,978	趋势分析
日本champion冠军全球代购店	185,371	7,366	7,525	趋势分析
七匹狼楚雅专卖店	183,182	8,108	5,139	趋势分析
kipling官方旗舰店	179,267	1,767	13,940	竞店分析
上可塘代购	178,984	3,378	4,884	趋势分析
lmk箱包旗舰店	178,747	3,782	7,571	趋势分析
牧之逸旗舰店	175,381	10,311	8,174	竞店分析
佰圣爵士箱包旗舰店	170,020	7,369	4,565	趋势分析
文文包袋厂	166,672	20,271	7,095	趋势分析
小米官方旗舰店	165,862	6,807	118,098	竞店分析
诺水商贸	161,800	180,961	2,367	趋势分析
凡语者旗舰店	159,072	5,947	9,503	趋势分析
简百灵旗舰店	155,815	10,854	5,813	趋势分析
zackpack	153,635	222,172	3,366	趋势分析
赫登尔旗舰店	152,136	5,600	8,286	趋势分析
唐酷旗舰店	152,085	5,682	7,473	趋势分析
米格莱思旗舰店	149,650	31,127	5,740	趋势分析
septwolves七匹狼旗舰店	146,428	5,142	10,203	趋势分析
nationalgeographic旗舰店	145,421	3,311	7,470	竞店分析
蔻蕁旗舰店	143,995	8,644	6,959	趋势分析
巴朗旗舰店	143,883	6,162	7,121	趋势分析
jiaybl家易佰乐箱包旗舰	142,340	8,275	6,069	趋势分析
七匹狼都业专卖店	141,984	5,511	10,112	趋势分析
瑞戈灵渊专卖店	141,722	5,861	5,146	趋势分析
瑞凡潮包	141,570	15,003	4,362	趋势分析
苏仕自营店	140,419	139,197	1,636	趋势分析
mracehomme简恬专卖店	138,762	5,905	8,124	竞店分析
Colvan Klaon自营店	138,579	2,630	11,172	趋势分析
阿特妮尔旗舰店	135,455	9,018	6,768	趋势分析
forevercultivate旗舰店	134,798	9,738	5,841	竞店分析

图 2-8

3．分别计算 TOP100 和 TOP500 店铺占据类目总销售件数的比例

比如行业总销售件数是 8 507 782 件，TOP500 店铺销售了 5 461 258 件，那么 TOP500 店铺的占比是 5 461 258/8 507 782≈64%，如图 2-9 所示，可以统计出各区间的占比，虽然 TOP500 店铺约占总销量的 64%，但实际上这些销量高度集中在 TOP100 店铺内，所以这个市场的垄断性是很强的。

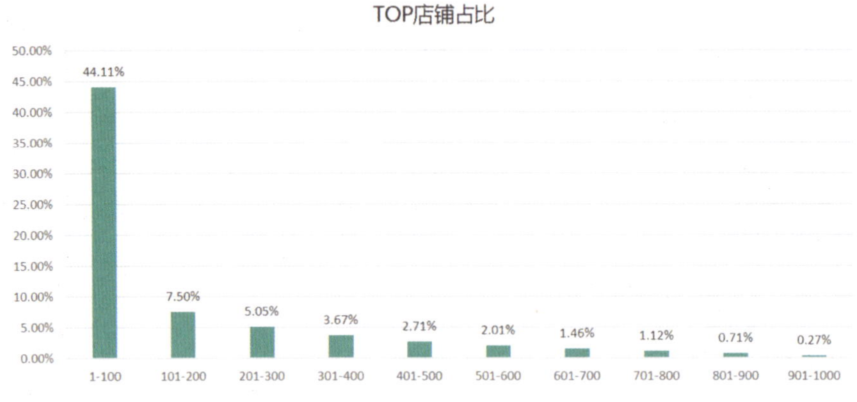

图 2-9

4. 统计有过交易的卖家数量

在生意参谋“市场大盘”中可以统计有过交易的卖家数量。如图 2-10 所示，可以看到双肩背包类目有交易卖家数是 13 587 家，去掉前 500 家，剩下的有交易卖家数是 13 087 家，也就是说，去掉 TOP500 商家占据的约 64% 的市场，这 13 087 个商家要争夺剩下的约 36% 的市场。

箱包皮具/...女包/男包 豪华版　　统计时间 2018-10-10　7天　30天　日　周　月

所有终端　全部

子行业	卖家数	父行业卖家数占比	有交易卖家数	父行业有交易卖家数占比
女士包袋 较前一日	680,312 +0.15%	79.40% +0.03%	31011 -1.14%	58.61% +0.06%
双肩背包 较前一日	506,257 +0.14%	59.08% +0.03%	13587 -2.13%	25.68% -0.93%
钱包 较前一日	385,076 +0.17%	44.94% +0.06%	6520 -2.67%	12.32% -1.49%
男士包袋 较前一日	354,189 +0.22%	41.34% +0.10%	5866 -0.68%	11.09% +0.53%
旅行箱 较前一日	291,870 +0.25%	34.06% +0.14%	3516 +0.17%	6.65% +1.39%
旅行袋 较前一日	267,699 +0.30%	31.24% +0.19%	1849 -1.33%	3.49% -0.13%
手机包 较前一日	239,150 +0.30%	27.91% +0.19%	1656 -3.27%	3.13% -2.09%
卡包 较前一日	236,186 +0.28%	27.56% +0.16%	1920 -7.16%	3.63% -6.03%
箱包相关配件 较前一日	230,665 +0.31%	26.92% +0.20%	1583 -3.83%	2.99% -2.66%
钥匙包 较前一日	70,179 -0.02%	8.19% -0.13%	832 +1.34%	1.57% +2.57%

图 2-10

如图 2-11 所示，最终我们就可以计算出双肩包这个类目的垄断状况了，这是一个需要谨慎进入的类目。

	TOP500产品支付件数	行业总支付件数	
双肩包	5461258 件	8507782 件	
双肩包市场占比	64.19%	1	
双肩包剩余市场份额		3046524 元	
双肩包卖家数	500 个	508768 元	
双肩包分配额			
	修正数据		
	有销售卖家数	分配额	
双肩包有销售卖家数分配额	13087	232.79	
	20%卖家数	80%市场份额	分配额
双肩包分配额	2617.4	2437219.2	931
单件价格	140	销售额	140000

图 2-11

本节小结

市场的垄断与分配分析，在我们选择一个行业甚至选择一个主推产品的过程中，都会起到很关键的作用。对于中小商家而言，更多时候是在“红海”市场中选择“蓝海”，每一个属性的选择都是在选择一个细分市场，所以一定要慎重分析，谨慎入行。

本节思考题

假如你的企业所在的市场垄断性很强，你会通过哪些角度来寻找差异，让“红海”变“蓝海”呢？

第四节 正确定位才能快速突破运营困局

本节要点

掌握市场定位的三个分析步骤。

市场竞争日渐白热化，大卖家们拼资本、拼资源、拼团队，那么小卖家该怎么办呢？

对于小卖家而言，想要在市场上生存、发展，就要更加明确自己的定位，找到一片适合自己生长的土壤，让自己有机会成为参天大树。消费者越来越追求个性化，定位清晰的“小而美”卖家，成了淘宝、天猫等电商平台热捧的对象。找到正确的市场定位，才可能在激烈的市场竞争中找到突破口。

一、正确做好市场定位的三个步骤

市场定位对于一个店铺在竞争中能否快速突围有异常重要的意义，那么该如何做好定位呢？接下来我们来了解定位的三个步骤。

1. 找到与强劲竞争对手的差异点

这是非常关键的环节，没有差异化，就躲避不开竞争，当然这一步也是最难的。一般情况下我们会从产品的属性入手来找到这个差异点，像材质、尺码、风格、功能、场景、品牌等都可以作为差异点：大码服装通过在尺寸上区别于那些普通服装，让胖人也可以选到适合自己的衣服；老年手机市场已经接近饱和，但是儿童手机市场却是一片“蓝海”。

虽然产品属性是做差异化定位时最关键的切入点，但是随着商家对市场需求的不断挖掘，导致了我们在做差异化定位时越来越难，因此也有很多人从营销等方面做差异化定位：耳机行业从功能的竞争转移到场景化的美感比拼；面膜产品把原来的 10 片装改为买 6 片送 4 片，提升了单片的价值感。

2. 分析市场需求有多大

差异化定位虽然是找到竞争对手的薄弱点，跟主竞争对手区分开来，但是如果纯粹地躲避竞争，就会进入一个根本没有消费需求的市场，那样的差异化定位就没有任何意义了。

对市场需求的分析我们在前面讲过，这里就不重复讲了，但是这里要注意的是，市场需求分为两种，一种是现有的市场需求，一种是潜在的市场需求。后者着眼于未来，比如汉服，虽然现在的市场需求不算大，但未来的需求却非常可观，所以现在进入市场提前做好布局也是可以的。

考虑到现有需求和增长趋势两个因素，我们分四种情况来分析进入市场的情况。

（1）已经有一定的市场需求，而且市场需求处于增长阶段，这时候选择入市还不晚。

（2）已经有一定的市场需求，但是市场需求不增长，要考虑竞争激烈程度，如果竞争很激烈则谨慎进入。

（3）市场需求目前很小，但是增长空间大，则可以快速占领市场，等待市场“推”着你走。

（4）市场需求很小也不增长，如果你有大的目标，那么可以直接放弃这个市场。

像我们上面提到的大码服装就属于第一种情况，有一定市场需求，且市场需求还在增长。在中国，肥胖人群的物质需求和减肥需求都带来了基数大、增速快的大市场，这也是近些年大码服装需求一直快速增长的原因。

3. 了解市场竞争及自身优势

找到了合适的市场，还要进一步了解我们是否有本事吃掉这块“蛋糕”，因此我们要观察目前势头强劲的头部商家是否也瞄准了我们要切入的市场，要是发现他们也都在提前做布局，就要看我们是否有优势跟他们竞争。要是没多少人注重这块市场，市场上已有的都是小商家，那就要快速去抢占市场，后面自然会被市场大势“推”着前进。

二、案例：女装市场如何定位

在具体讲解之前，我们先来了解一下服装里面最大的差异点，女装最大的差异点就是服装风格，如表 2-1 所示。

表 2-1

一级风格分类	二级风格分类
通勤风格	韩版、复古、文艺、OL、简约、民族
甜美风格	日系、学院、森女
街头风格	欧美、朋克、嘻哈

接下来我们就来看看某女装品牌在市场上是怎么进行定位的。

1. 选择市场差异点

2012 年的女装市场中，通勤风格占 73.3%，街头风格占 12.5%，甜美风格占 14.3%，如图 2-12 所示。通勤风格贡献了最大的市场份额。

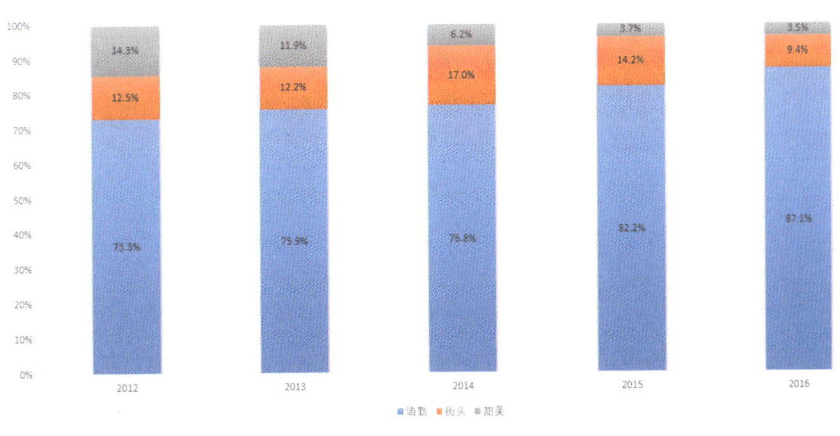

图 2-12

其中街头风格主要是欧美派，甜美风格主要是日系派，而通勤风格被划分为三大板块：韩版、OL+ 简约、民族 + 文艺，其中韩版占了整个通勤风格 70% 以上的市场，如图 2-13 所示，也就是说实际上整个市场可以根据风格划分为 5 个分市场：韩版、日系、欧美、OL+ 简约、民族 + 文艺，其中韩版、日系、欧美三大主流风格属于引入的国外潮流，OL+ 简约风格属于职业风格，而有意思的是，民族 + 文艺风格恰好与国外引入的三大主流风格差异明显，这可以作为一个差异点。

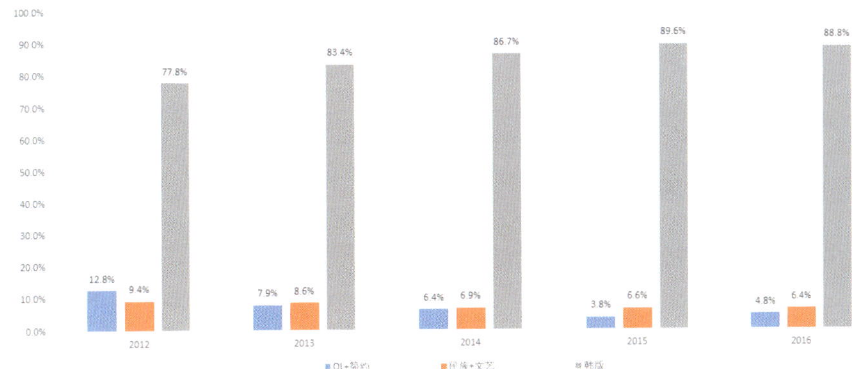

图 2-13

2. 民族 + 文艺风格的市场需求有多大

民族 + 文艺风格是归属在通勤风格这个大类下的，占据了通勤风格市场的 9.4%，有大概 30 亿元的市场份额，所以在大市场下面，民族 + 文艺风格的市场占比算是有一定规模的，那么这个市场可以作为一个切入点。

3. 市场中的竞争分析

对于女装行业而言，头部商家基本上都有自己的风格定位，所以那些主打韩版、欧美、日系风格的商家基本也不会涉足民族 + 文艺风格的市场。这个市场中最大的竞争对手就是裂帛，其他的都是一些比较小的商家，因此在当时的市场中，竞争是相对缓和的。

最终该女装品牌选择的是以棉麻为切入点的文艺风格，而裂帛更偏向于民族风格。可以看出，即使选择与别的品牌同类的市场，也可以找到属于自己的定位。最终，这个品牌成了女装类目下的一大传奇！

本节小结

本节讲的主要是通过产品属性来找到适合自己的定位。尤其是对于小卖家，千万不要拿鸡蛋碰石头，只有找到自己的“小而美”的定位才能够真正走出属于自己的成功之路。

定位的三个步骤：

第一，找到与强劲竞争对手的差异点。

第二，分析市场需求有多大。

第三，了解市场竞争及自身优势。

本节思考题

你当初开新店的时候是如何做店铺定位的？

第五节
在市场的不同节点该做哪些关键工作

本节要点

了解把握运营节奏的必要性。

了解在不同的市场阶段需要做的工作。

市场中的机会瞬息万变，对于一名运营新手而言，如果想让自己成为一个合格的运营人员，那么最基本的能力就是通过数据分析把控不同阶段的运营节奏，做好每个阶段的关键工作。

一、不是只有季节性品类才需要把控运营节奏

我们都知道，像女装、双肩包等类目，受季节的影响非常大，如图 2-14 所示。这就要求我们具备非常强的运营节奏把控能力，否则对店铺运营的影响是非常大的。

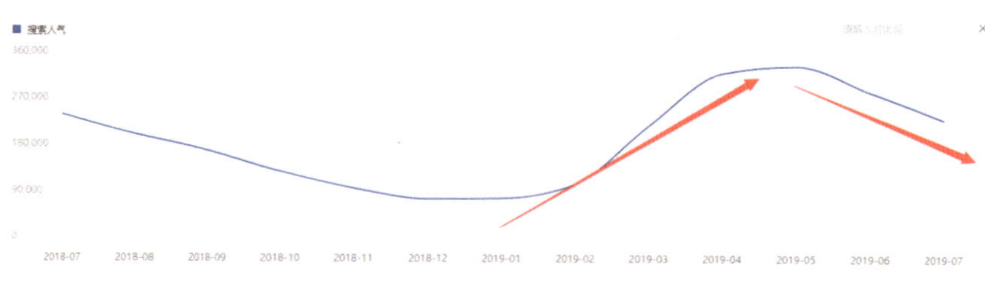

图 2-14

但是一些季节性不明显的品类也存在这种情况。图 2-15 所示为 3C 类目连续 12 个月的搜索人气数据，基本上是比较平稳的，但是当我们把时间尺度改变一下时，就会发现市场不是真正一成不变的。如图 2-16 所示，当以日为单位的时候，搜索人气的波动就显现出来了。所以，即使对于标品类目也需要掌握好运营的节奏。

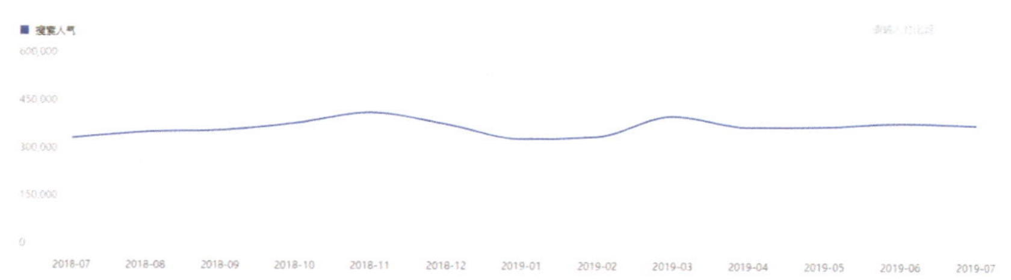

图 2-15

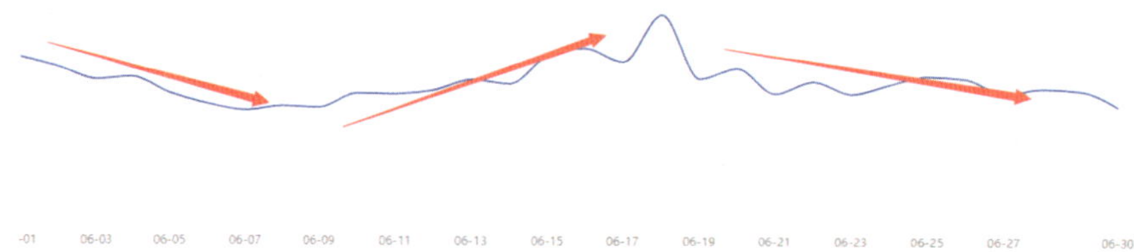

图 2-16

二、错误的运营节奏带来的失败，以及正确的做法

我有个朋友是经营 3C 类目的，他们对付费投放金额的硬性要求是占总销

售额的15%以内，在2018年“双11”之前，他们店铺要推出一款新品，本来计划10月份上架，但是10月份的销售受到“双11”的影响，导致推广费很少，所以运营人员觉得，既然没什么曝光，那就不要浪费产品新品期了，不如留到11月5日上线，这样到了“双11”当天就有了7天的螺旋增长数据了，可以推动新品的“爆发”。

大家觉得这个运营人员的节奏把控得如何？

1．错误的运营节奏带来的失败

这个运营计划看似很有节奏感，但实际上是不合理的，为什么呢？

首先，在“双11”前让新品曝光的想法没错，但是到了11月1日之后，“双11”的流量会逐渐向前期表现好的参与活动的产品倾斜，而新品没有任何“根基”，很难得到展示。

其次，因为要按照店铺付费金额占总金额的15%来做控制，实际上就是年度计划节奏没做好，因为10月份是“双11”的前奏，处于业绩下滑明显，但又要抢夺流量和曝光机会的时期，所以不能按照固定的付费金额占比来做计划，而且3C产品属于标品，关键词少，流量集中，这就导致“双11”预热期的付费竞争非常激烈，这个时候甚至有钱都不一定能够花出去，而3C产品并不算刚需产品，大家并不急于马上就要买到，所以我们可以把原计划用于“双11”的部分费用提前到10月份去投放，以吸引客户收藏产品或者把产品加入购物车，这样才能够保证付费价值最大化。

通过分析，我们发现这个运营人员无论是活动的节奏还是年度的节奏都没把控好！事实上到了“双11”当天，这个产品的转化率还不错，但是这个产品的流量很小，最终只卖了100笔。

2．如何通过数据分析来做正确的运营规划

接下来我们通过对市场的四个阶段的分析来解读正确的运营规划。

1）测款阶段

如图 2-17 所示，这个类目的支付转化率在 9 月份会达到一个高点，转化率高，说明这个时候的市场需求比较强，所以产品的测款阶段可以在这个时间点之前进行。

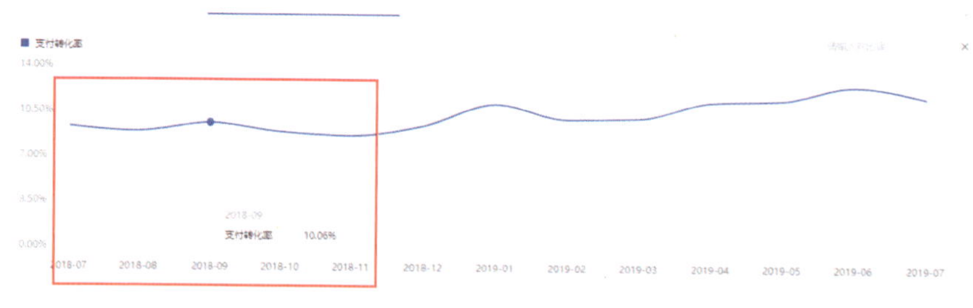

图 2-17

2）基础积累阶段

如图 2-18 所示，9 月份，市场开始进入未来三个月的谷底，这个时候市场交易开始放缓，我们可以提前打下销量基础。10 月份，市场开始回暖，所以在这个阶段可以通过让利获得比较好的市场表现。

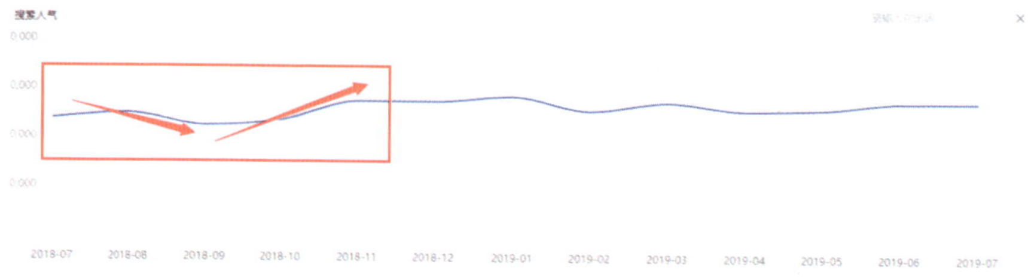

图 2-18

3）预热拉新阶段

这个阶段大概是从 10 月中旬到月底，这个阶段流量开始逐渐加大，这段时间就可以把付费拉新（通过做付费广告获取新客户）作为主要工作，把大部分预算放在这里做好预热。当你上架新品并且资金并不充裕的时候，千万不要等到临近“双 11”才考虑加大推广力度的问题，到那个时候竞争会非常激烈。

4）回流投放阶段

这个阶段是从11月1日到11日，尤其是9日—11日这三天。如图2-19所示，这个阶段流量竞争会非常激烈，这时候不要把重点放在拉新上，而要重点做回流投放（把资金用于老客户维护），对于“双11”当天的全部活动，将其预告分配到每一天中，通过定向投放活动预告，让我们在11月之前获得的客户对店铺活动情况有所了解，提高他们对店铺的认知，促进最终的转化。

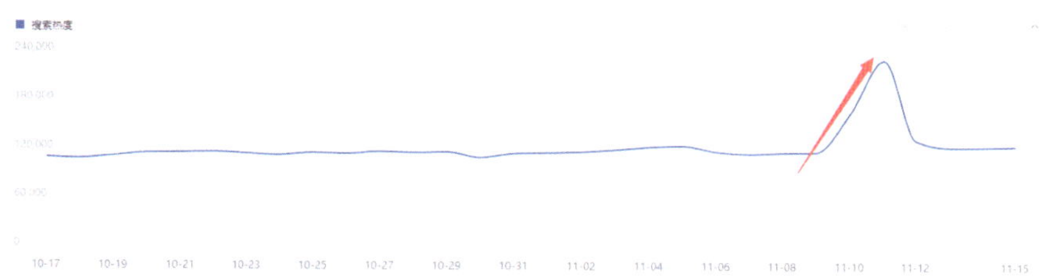

图 2-19

以上就是如何通过数据分析来规划运营节奏，总结起来有四个要点。

- 低谷之前先测款。
- 起步阶段打基础。
- 上升阶段全力拉新。
- 冲顶阶段急流勇退。

三、在市场的不同时期，运营人员应该做什么关键工作

面对这个问题，我们先根据市场的兴衰过程（见图2-20）把运营分为四个阶段。

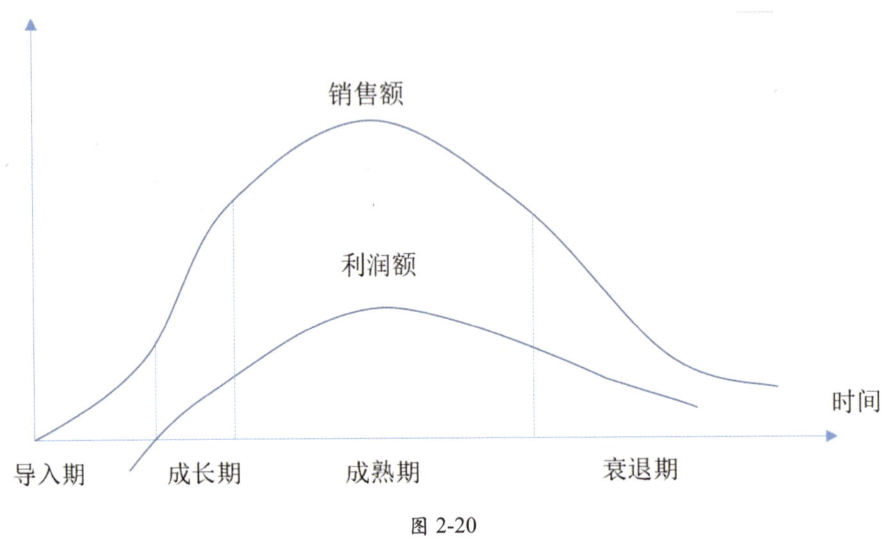

图 2-20

1. 产品筹备阶段

这个阶段的主要工作是一些最基本的工作，比如测款，优化产品主图，开展新品预热、新品尝鲜等活动，进行老客户的“唤醒”等工作，保证基础销量，做好评价积累。

2. 市场起步阶段

市场起步阶段主要工作可以分成两部分。

1）调整推广策略

利用直通车做精准长尾词的推广，定向投放智钻广告。定向的目的是为了向标签比较明确的客户展示要推广的产品，提升淘宝首页的推荐流量。

2）分析单品数据

分析单品的浏览、收藏、销量、评价等数据，及时调整货品关联、视觉卖点、营销策略等。

3. 快速增长阶段

这个阶段需要优选精准大词，做好标题优化，付费推广以获取流量为重心，关注产品库存，发掘市场需求，上架新品，补充产品线。

4. 市场成熟及衰退阶段

这个阶段需要稳住销量，及时清理库存，通过关联营销带动其他产品的销售，打造换季品类。还要参与官方活动，推广时要关注 ROI（投资回报率）。关注竞争对手的举动，保证销量下滑幅度不要大于行业整体下滑幅度。

本节小结

在这一节中我们学习了如何通过市场数据分析来把控四个阶段的运营节奏，无论是开发产品、作图、测款，还是推广、让利清仓，每个运营动作都要找准时间点才能够让运营有章有法，把单点串成链条，做事才能有效率！

本节思考题

如图 2-21 所示，请参考女鞋的产品运营节奏表，结合本节知识做一张你自己店铺的产品运营节奏表。

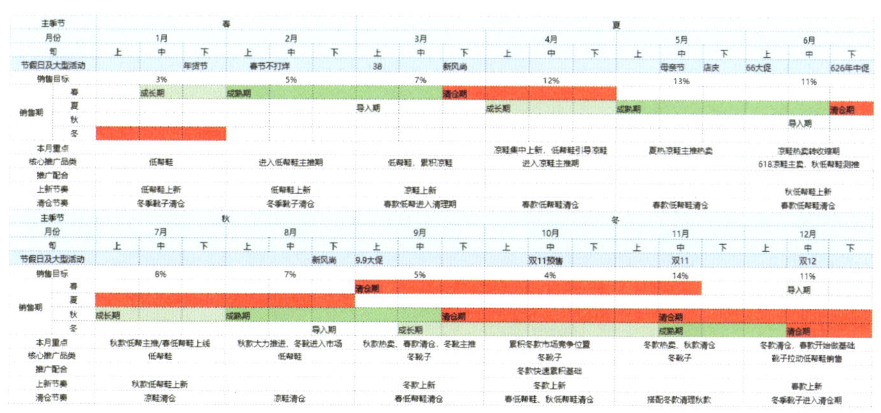

主季节					春									夏					
月份			1月			2月			3月			4月			5月			6月	
旬		上	中	下	上	中	下	上	中	下	上	中	下	上	中	下	上	中	下
节假日及大型活动				年货节	春节不打烊			38		新风尚					母亲节	店庆	66大促		626年中促
销售目标			3%			5%			7%			12%			13%			11%	
销售期	春		成长期		成熟期					清仓期									
	夏							导入期			成长期			成熟期					清仓期
	秋																	导入期	
	冬																		
本月重点												凉鞋集中上新，低帮鞋引导凉鞋			夏热凉鞋主推热卖			凉鞋热卖转收爆期	
核心推广品类			低帮鞋			进入低帮鞋主推期			低帮鞋，累积凉鞋			进入凉鞋主推期						618凉鞋主卖，秋低帮鞋测推	
推广配合																			
上新节奏			低帮鞋上新			低帮鞋上新			凉鞋上新									秋低帮鞋上新	
清仓节奏			冬季靴子清仓			冬季靴子清仓			春款低帮进入清理期			春款低帮鞋清仓			春款低帮鞋清仓			春款低帮鞋清仓	

主季节					秋									冬					
月份			7月			8月			9月			10月			11月			12月	
旬		上	中	下	上	中	下	上	中	下	上	中	下	上	中	下	上	中	下
节假日及大型活动							新风尚	9.9大促				双11预售			双11			双12	
销售目标			6%			7%			5%			4%			14%			11%	
销售期	春							清仓期										导入期	
	夏																		
	秋	成长期			成熟期					清仓期					清仓期				
	冬						导入期		成长期						成熟期			清仓期	
本月重点			秋款低帮主推/春低帮鞋上线			秋款大力推进、冬靴进入市场			秋款热卖、春款清仓，冬靴主推			累积冬款市场竞争位置			冬款热卖、秋款清仓			冬款清仓，春款开始做基础	
核心推广品类			低帮鞋			低帮鞋			冬靴子			冬靴子			冬靴子			靴子拉动低帮鞋销售	
推广配合												冬款快速累积基础							
上新节奏			秋款低帮鞋上新						冬款上新			冬款上新						春款上新	
清仓节奏			凉鞋清仓			凉鞋清仓			春低帮鞋清仓			春低帮鞋、秋低帮鞋清仓			搭配冬款清理秋款			冬季靴子进入清仓期	

图 2-21

第六节 谁才是我们真正的竞争对手

↘ 本节要点

掌握辨别真正的竞争对手的七个维度。

市场并不是自己跟自己竞争，而是由众多参与者互相竞争的优胜劣汰的过程。而市场需求的多样化，会造成产品竞争情况的多样化。比如在同一条街上，汤粉店有十家，而兰州拉面店只有一家，这个时候兰州拉面店就不需要和汤粉店进行竞争了，无论兰州拉面的数据表现如何，如果想要吃兰州拉面就只有这一家可选，而汤粉店要获得流量优势，就得考虑怎么做得比其他九家更好。

通过这个案例我们可以发现，进行竞争数据对比的前提是要找对竞争对手，否则你所做的数据运营都是无效的。

我的一个商家朋友在刚进入电商行业时，因为不知道怎么“打爆”产品，于是通过生意参谋找到最火爆的产品来模仿，把他们的产品转化率、销量增长幅度作为自己产品的参考数据，结果虽然这些数据追上来了，却没带来多少利润。出现这个问题的原因，就在于他找了一个流量来源主要依靠做活动的产品来做参考，两款产品都不在同一个“频道”上，数据自然就没有参考意义了！

那么，谁才是我们真正需要关注、参考的竞争对手呢？

从上面的例子中我们已经知道，卖得最好的不一定是我们真正的对手。

接下来，我们从七个维度破除大家在寻找正确的竞争对手时的迷茫。

一、品牌

一些大品牌店铺，对流量的“消化”能力会比普通店铺强，因此普通的新手店铺不要和品牌店铺去做数据上的对比。

如图 2-22 所示，我把店铺分成了四个档次。如果我们的店铺没有足够的基础，就不要选择和处于第 1 档、第 2 档的品牌店铺进行数据上的对比。对于新手而言，不要和图 2-22 中列在“品牌”栏中的店铺做对比。

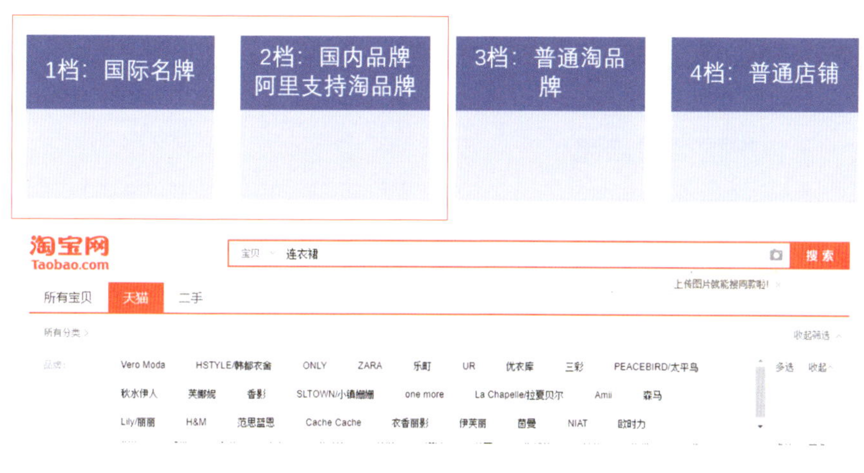

图 2-22

二、店铺等级

店铺等级和上面说的店铺档次不一回事，店铺等级是平台根据销量进行评定的。店铺等级中第五层级是个分水岭，在选择竞争对手的时候，低层级店铺可以选择第四层级及以下的店铺产品作为参考。

当然，在实际的应用中，由于天猫店铺后台不显示竞争对手属于第几层级，所以我们可以通过生意参谋中的排行榜进行筛选。如图 2-23 所示，对于 TOP50 以内的店铺，新店铺选择参考对象时也需要慎重。

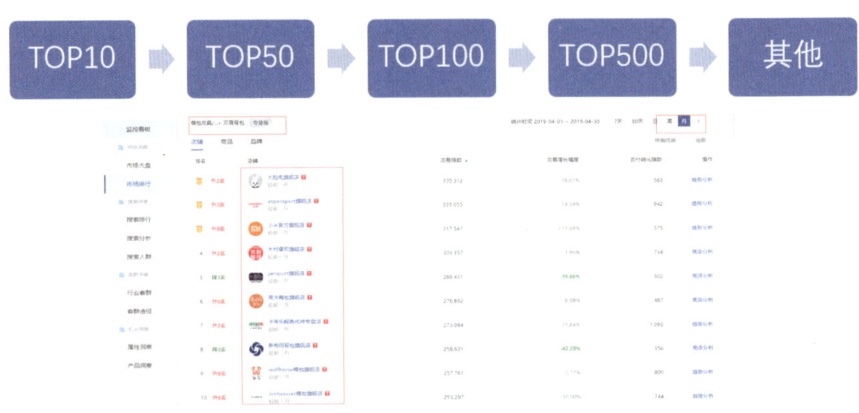

图 2-23

三、主营类目占比

假如你的主营类目是双肩包，那么选择的对手店铺的双肩包类目要占主营类目的 60% 以上。因为一个店铺不太可能什么品类都卖得非常好，即使是服装类目，在一个店铺中也往往会出现某个品类卖得特别好，其他品类不够好的现象。平台会根据店铺的产品布局和消费者的选择，给予贡献更大的品类更好的支持，所以在早期的选择过程中，尽量选择主营类目占比和自己店铺差不多的店铺，尽可能保证这种基础条件相同，才能够让数据的对比性更强。

主营类目占比无法直接在后台看到，所以我们可以直接进入对手店铺，通过导航分类选择类目，然后统计这个类目的产品和销量，来计算这个类目占整个店铺的比例，如图 2-24 所示。

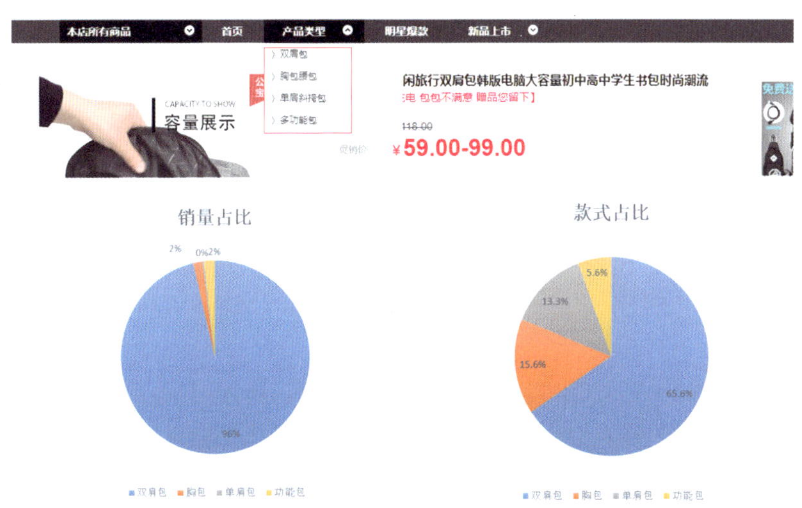

图 2-24

四、价格带

竞争对手的产品价格范围的下限不要低于你的产品价格的 3/5，上限不要高于你的产品价格的 2 倍。比如你的产品价格为 100 元，那么竞争对手的产品价格范围应该为 60—200 元，价格数据直接通过产品链接查看就可以了，如图 2-25 所示。

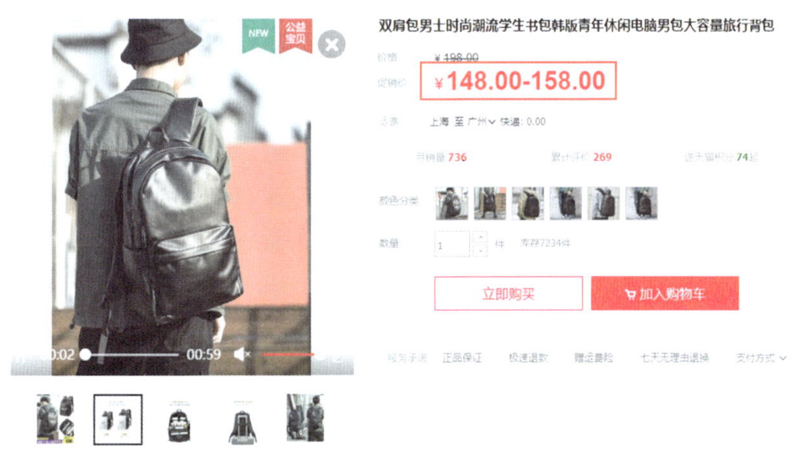

图 2-25

五、产品属性

你选择的竞争对手，其产品的核心属性一定和你的产品一致，比如服装风格就是服装的一个核心属性，韩版与欧美风格的服装的市场竞争环境是天差地别的。产品属性是选择竞争对手时最关键的参考因素，通常我们会通过生意参谋的“属性洞察—属性分析”选择合适的产品属性，如图 2-26 和图 2-27 所示，根据产品的属性选择竞争对手。

图 2-26

热门属性　属性分析　　所有终端　全部

热销榜单　店铺　商品

商品	交易指数	支付件数	支付转化指数	操作
小ck包女士2019新款百搭女包真皮双肩包时尚软皮韩版高中书包背包	54,812	981	466	趋势分析
2019新款女包包包大容量防盗牛津布女包韩版时尚单肩双肩包包女潮	41,959	9,147	843	趋势分析
bmc双肩休闲时尚大号背包	31,425	271	590	趋势分析
双肩包男士时尚潮流学生书包韩版青年休闲电脑男包大容量旅行背包	28,549	286	679	趋势分析
2019新款女包包包大容量防盗牛津布女包韩版时尚单肩双肩包包女潮	28,200	8,159	855	趋势分析
水桶包子母包时尚百搭单肩斜挎包	25,560	662	1,475	趋势分析
英伦保罗出差电脑背包户外旅行休闲男士双肩包商务男包多功能书包	22,803	116	362	趋势分析
双肩包男时尚潮流简约电脑大容量韩版背包休闲大学生高中初中书包	22,748	314	768	趋势分析
FENDI芬迪 正品2019春夏男士时尚小怪兽休闲双肩包7VZ042-A3DA	21,316	3	300	趋势分析

图 2-27

六、流量结构

对于不同的流量渠道，获取流量的方法是不同的，所以我们要明确自己需要什么流量。如果你需要首页流量,那你选择的对手一定要是这方面做得好的；如果你想获取搜索流量，那自然要选择在搜索流量方面占比较高的。具体的数据可以从生意参谋的“竞争分析”中获取。如图 2-28 所示，这个店铺最主要的流量就是直通车流量和搜索流量，如果我们要获取免费搜索流量，那么他们的数据就可以作为参考。

对比指标 访客数 客群指数 支付转化指数 交易指数

流量来源	访客数	操作
直通车	36981	趋势
手淘搜索	29870	趋势
淘内免费其他	7652	趋势
我的淘宝	6282	趋势
购物车	5871	趋势
淘宝客	2824	趋势
手淘首页	2266	趋势
手淘微淘	1596	趋势
猫客搜索	1343	趋势
品销宝-明星店铺	1287	趋势

图 2-28

七、产品所处阶段

新品在刚开始推广的阶段，直接以一些已经处于成熟期的爆款产品作为参考，不管是参考其现在的数据还是过去的数据，都是很不正确的做法。

一个已经成熟的爆款,有着长期的数据积累,比如某款产品的转化率是 2%，我们的产品即使达到 3% 的转化率，也不一定能够“战胜”它们。

过去的数据代表的是当时的竞争力，而不是现在的，所以我们要利用数据参谋里面的“趋势分析”，关注在 15 天以内有明显增长的数据。

我们用三幅图来说明哪个阶段的数据最值得我们参考。

如图 2-29 所示，这属于从基础阶段开始快速增长的，这种数据指标就非常值得我们参考。

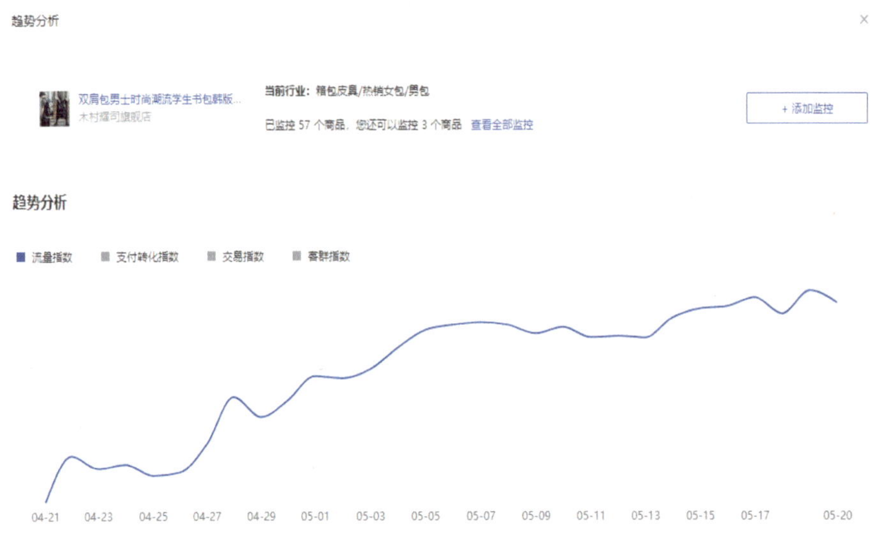

图 2-29

如图 2-30 所示，虽然在排行榜中他们的增长幅度非常大，但实际上他们是依靠某一天的活动拉升了总数据，这种数据就不是我们要重点参考的了。

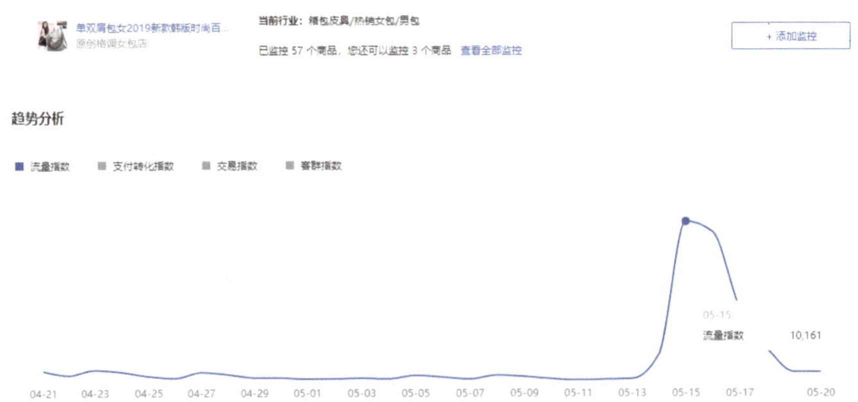

图 2-30

如图 2-31 所示，这个产品的数据有所增长，但其本身已经处于比较高的水平，基本上算处于成熟稳定阶段，所以这个产品的数据也不是我们早期该参考的。

图 2-31

本节小结

通过本节我们学习到了辨别竞争对手的七个维度，只有找到正确的对手，所参考的数据才是有效的。

本节思考题

根据你店铺的情况，举出一家你日常关注的竞争对手，然后根据本节的七个维度辨别一下，你之前选择的竞争对手符合其中几项标准。

第七节 合理的市场定价引爆产品流量

本节要点

了解定价对于电商平台商家的重要性。

掌握价格定位的方法。

从事数据运营教学以来，我发现很多学生在对产品的定价上很随意，比如直接按照按成本价的 2.5 倍或者其他倍数来定价，又如直接用比对手低 10 元或者高 10 元的价格作为定价等，这都是非常不负责任的定价方式。今天的电商市场“千人千面”，价格是根据人群消费能力展示产品的非常关键的一个要素，所以定价不仅关系着产品的利润率，还能间接选择消费人群。

在讲述怎么样定价更合理之前，我们先来看一个案例。

我曾经为一家店铺做数据咨询服务，该店铺的搜索流量一直处于瓶颈状态，转化率也不算高，店铺在产品价格布局上一直坚守着 200—250 元这个价格带，然而我们通过数据分析发现，进店的访客中有 70% 是 150 元消费水平以下的，这时就需要对进店流量的精准性进行分析。我从市场大盘的人群数据中发现，市场上最大的销售价格带是 50—100 元区间，其次是 100—150 元区间，而 200—250 元区间对应的人数在整个市场中仅占 10%。因此我判断，并非该店铺引入的流量不精准，而是市场上并没有那么多200—250元价格带的消费者。

通过对整个市场的价格分布及竞争环境的系统分析，我发现100—150元这个价格带的市场需求群体非常大，所以让该店铺调整产品布局，使产品集中在100—150元这个价格带上。最终，店铺流量涨了一倍！

通过这个案例我们看到，通过对价格的竞争分析，可以选择合适的市场机会。价格不是单纯的产品定价，更是对人群与市场的选择，那么该如何进行合理定价呢？

接下来我们将围绕着上面的案例，对案例的定价过程进行详细分析，我们会通过四个步骤完整地对整个定价过程进行分析。

一、确定整个市场的参考价格

对于每一类产品，消费者都有一个心理价位，这个价位往往取决于自己接收到的信息。比如对于手机（苹果手机除外）的价格，消费者心里的参考价格大多为1000—2000元，所以消费者在选择手机的时候就会给自己一个心理暗示：这部手机就值1000—2000元。如果你定为3000元，那么消费者就会思考多出来的1000元的价值体现在哪里。

因此，我们要先搜索类目词，然后按照销量排名，如图2-32所示。将销量前500名的产品的价格与销量数据提取到Excel中进行处理，处理完之后如图2-33所示。从表格中我们可以看出：这个类目的产品在0—150元和200—250元这两个价格带中的销量较多。其中200—250元是案例中店铺已经考虑到的价格带，那么他们就可以再考虑在0—150元这个价格带进行布局。有意思的是，150—200元这个价格带看起来不上不下，非常尴尬，因为这个价格带中的产品对于非品牌店铺来说，价格偏贵，而对于品牌店铺来说，价格又偏低，所以购买的人也非常少。这就是数据分析的意义，它会告诉我们一些非常有趣的事情。

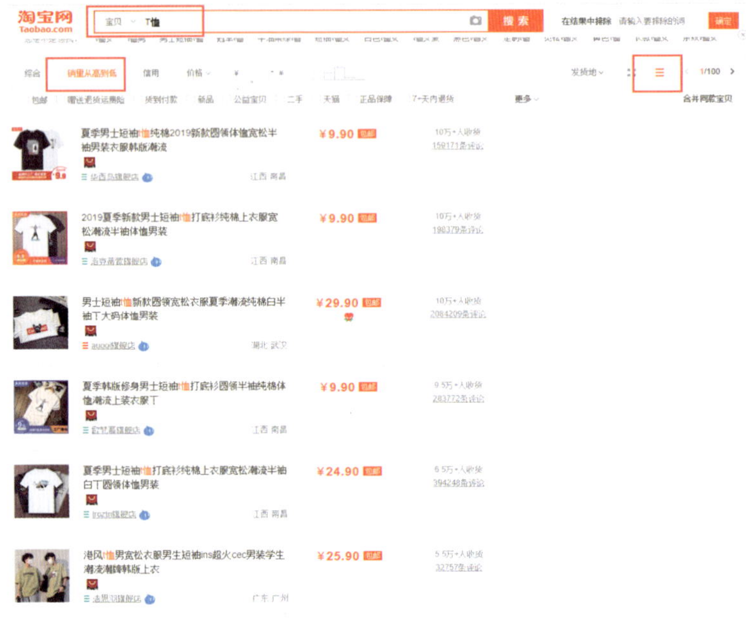

图 2-32

价格带	卖家数/件	销量/件	销量最大值/件	销量最小值/件	平均销量/件
0-50	82	183768	11089	696	2241
50-100	93	190096	18224	696	2044
100-150	31	69733	11173	704	2249
150-200	6	6469	1777	692	1078
200-250	6	12669	3284	1299	2111
250-300	1	1737	1737	1737	1737
300-350	1	711	711	711	711
总计	**220**	**465183**	**18224**	**692**	**2114**

图 2-33

二、确定不同价格带的流量分配

流量主要是通过人群标签进行分配的，而人群标签是基于人群的行为过程和消费能力划分的，因此我们要通过数据分析来确定不同价格带的流量分配情况。

我们通过生意参谋的竞争情报，把销售额前 500 名的产品流量来源整理出来，如图 2-34 所示，上半部分表示该产品的总体流量，下半部分表示店铺平均流量。数据显示，0—50 元价格带的手淘搜索流量虽然是最大的，但是这个价格带的竞争也很激烈，而 100—150 元价格带在手淘搜索分配的流量上是最大的。

价格带	手淘首页	手淘搜索	淘宝客	淘内免费其他	直通车	钻石展位
0-50	54956	1589159	43198	546107	33730	1188
50-100	68062	1063456	15666	240575	27642	1782
100-150	63729	1224506	51169	325295	38976	2970
150-200	52433	850918	35957	541296	15742	3782
0-50	2748	79458	2160	27305	1687	59
50-100	3781	59081	870	13365	1536	99
100-150	5311	102042	4264	27108	3248	248
150-200	3496	56728	2397	36086	1049	252

图 2-34

结合我们第一步的分析，100—150 元这个价格带就是一个比较好的选择了，这个价格带的选择最终让店铺流量涨了一倍！

三、分析成本和利润空间

具体的价格还需要根据成本和剩余的利润空间来确定，比如我们上面选择了定价为 100—150 元，但是如果各方面成本就比这个价格高，自然就不能这样定价了。成本的核算主要考虑产品成本、平台成本、包裹成本、推广成本、人工成本这几个方面。

图 2-35 反映了不同的销量、不同的定价所带来的最终利润，可以看出，如果按照目前的成本，把价格定为 100 元就是亏本的生意，所以定价是非常大的学问，需要谨慎分析。

条件		最高市场销量值		1000			
		最低市场销量值		500			
盈亏分析表							
销售价格	付费转化率	单量	1笔所需流量	流量成本/个	流量成本	销售额	产品成本
100	1%	1	100	2	200	100	60
150	1%	1	100	2	200	150	60
其他单位成本	固定成本	利润	付费/免费占比	利润	最高值	最高盈利	最低盈利
10	20000	-160	6	180	20	0	-10000
10	20000	-110	6	480	370	350000	165000

图 2-35

四、用 3、5、10 定位法扩展价格带

当我们确定了店铺的主价格带后，可以用“3、5、10 定位法”扩展价格带。先计算出最低价的 3/5：100 × 3/5=60，再计算出最高价的 10/5 倍：150 × 10/5=300，这样，扩展后的价格带就是 60—300 元，其中价格在 100—150 元范围内的产品要占 80%，这样就可以保证店铺产品的价格处于一个比较精确的范围内了，而扩展出的价格则起到了辅助性作用。

本节小结

在标签化时代，价格是对人群进行划分的关键，合理的定价不仅仅能促进销售，更能选择竞争的环境。进行合理定价时一定要牢记四个步骤：

第一步：确定整个市场的参考价格。

第二步：确定不同价格带的流量分配。

第三步：分析成本和利润空间。

第四步：用 3、5、10 定位法扩展价格带。

本节思考题

回想本节一开始的案例，为什么我们最终建议店铺优先做 100—150 元价格带的布局，而不是选择 50—100 元的价格带，或者同时选择这两个价格带？

第八节
电商运营的五大难点

本节要点

了解运营过程中的五大难点。

电商早期的高速发展，让很多商家以为掌握一些操作技巧就能赚钱了，他们到处去学习各种“黑技术”，抱着一夜暴富的幻想，最终却落得“遍体鳞伤”。为了让更多新进入电商行业的卖家去思考更加本质的问题，走上正确的道路，在本章的最后一节，我来讲述电商运营需要特别注重的五大关键点，它们也是运营过程中的难点。

一、为什么很多卖家学了那么多技巧却依然没有成功

很多刚刚入行的新手可能会想：我听到的都是一夜之间暴富起来的故事，有很多人什么都不懂，就是产品卖得好，只要把产品放到网店中就卖“爆”了……

确实，我们不能否定有些人的运气非常好，但是这种概率非常小，现实是，很多电商人都处于苦苦挣扎的状态中。

对于这些人的失败，我认为有两个重要的认知上的原因。

1．选择的方向

选择大于努力，但是大部分人却以为学了技巧就什么都可以卖好。

在本章前面的七节里，我重点从市场需求、定位、竞争，以及产品定价等方面，讲解了在进入行业前我们需要详细思考和分析的内容。一旦方向选择错了，后续做的一切就都会变得非常艰难。这也是我在本章中重点想要解决的问题，大家找到了适合自己的方向，后续的工作才能事半功倍。

2．对数据指标的认知

有些人学习一些技巧是为了控制指标数据，而不是通过指标数据来持续优化“内功”。他们的关注点全部停留在销售额、流量、转化率上，最终导致他们看着数据却不知所措，只能通过作弊来进行数据的维护。

二、电商运营面临的五大难点

电商运营人员要想有良好的数据表现，就需要面对下面的五大运营难点。

1．选品

选品，是小卖家所面临的第一大难题，尤其是很多小卖家没有自主开发能力，更多地是跟风选款。选品最大的问题在于时效性，一旦没把握好节奏，销售就会变得非常困难，我们做不了第一个吃螃蟹的，但是要做第二个吃螃蟹的。这个时候就需要我们更加关注市场的数据，关于这方面，我在接下来的第三章中，会详细讲述选品节奏对于流量获取的重要性。

2．成本控制

小卖家大多是抄款的，所以你的工厂资源、生产规模、价格优势就非常关键。谁能够在同等质量下保证成本更低，谁就有市场话语权，这也是我们在做运营的早期要冲量的原因，因为规模效应能有效降低成本。

3. 图片制作

无论是免费的搜索，还是付费的直通车、钻展，流量获取的关键在于点击率，搜索的初始权重也取决于点击率，甚至质量分的起始权重也取决于点击率。一提到点击率，就离不开主图和创意图的问题，而图片制作其实是一个复杂的流程，涉及前期的布景、灯光和拍摄，还与后期的美工处理相关，这些都不是靠随便拍几张照片就可以解决的，也不是靠学几节视觉课程就能解决的，毕竟优秀的创意是稀缺的。商家经常苦于没有好的主图点击率，没有主图优化的方向和方法，只能不断地尝试，所以才有“千金难买一好图”的说法。好的图片是降低直通车价格的关键，听再多的直通车课程，没有好图也意义不大。

4. 营销

营销是传统线下企业很重视的一个环节，线下企业一般都会设置市场营销部门。但是对线上企业来说，不管是店铺首页还是产品详情页，很多都是简单地放一些图片，很少考虑到店铺的整体策划，就算有策划也仅仅是围绕平台官方活动进行的。营销策划对店铺运营来说是非常重要的步骤，商家一定要重视。

5. 管理

我发现了一个普遍的现象：就算在大公司中，很多总监级别的运营人员也整天忙得团团转，都认为这就是电商行业的现状，其实这是管理不到位造成的。人员管理、流程管理、团队协调，本来就是运营人员要关注的核心。运营本来就是统筹、规划、管理和执行的过程，而在电商行业中，运营人员往往成了一个只关注流量数据、销售额数据的老板。

本节小结

在这一节中，我们分析了小卖家做不起来的原因，然后讲了电商人普遍面临的五大难点，让你了解电商运营人员的定位和职责。至此，新手入行所需要考虑的问题就全部讲完了，从下一章开始，我们正式进入流量获取模块。通过对典型流量问题的分析，帮助大家重新认识流量，撬开流量大门。

本节思考题

我们已经学完了电商入行的八节课，根据这些知识点，假如你想进入某个行业，你会如何去分析这个行业是否适合你进入呢？

第三章

市场环境中的外部流量获取

第一节
免费流量获取关键法则和流量来源

本节要点

掌握流量来源的五种类型。

掌握获取免费流量的关键原则。

我们在第二章中讲述了如何去掌握市场的竞争环境，从本章开始，我们进入流量获取模块的学习。电商领域有一句广为人知的话——流量为王，没有流量就不可能有业绩。既然是要获取流量，在本章中我们就先来梳理获取流量的五大渠道，以及获取免费流量的五个关键法则。

我们都知道，“流量为王”的观念已经深入每个电商人的内心，但是令人惊讶的是，大部分人对流量的认知还仅仅停留在“我需要搜索流量”“我需要手淘首页流量”这个层面，一开始就没搞清楚搜索流量和首页流量的本质是什么。如果你想抓住一只鸟，就应该先知道鸟经常出现在哪里，熟悉鸟的生活习性。只有了解清楚各种流量，我们才有机会去攻克流量获取的难题。

流量的来源可以划分为五种类型。

一、免费流量

1. 核心免费流量的含义

这里说的免费流量，是指平台给予的手淘搜索流量、手淘首页流量、淘内其他免费流量。这三种流量来源也是商家最看重的流量来源。如图 3-1 所示，商家的很多运营行为也是为了获取更好的排名，拿到更多的平台免费流量。

流量来源	访客数	下单买家数	下单转化率	操作
淘内免费	753,101 +50.75%	25,083 +134.09%	3.33% +55.29%	趋势
手淘搜索	425,715 +74.63%	8,098 +167.35%	1.90% +53.10%	详情 人群透视 趋势 商品效果
淘内免费其他	181,069 +65.91%	14,248 +116.77%	7.87% +30.65%	详情 人群透视 趋势 商品效果
手淘首页	160,794 +13.33%	2,136 +128.69%	1.33% +101.80%	人群透视 趋势 商品效果
手淘其他店铺商品详情	111,574 +77.47%	10,729 +165.64%	9.62% +49.68%	详情 人群透视 趋势 商品效果
手淘微淘	50,603 +40.52%	1,002 +131.41%	1.98% +64.67%	人群透视 趋势 商品效果
时尚大咖-全球时尚	17,332 +33.58%	76 +85.37%	0.44% +38.77%	人群透视 趋势 商品效果
手淘问大家	15,785 +104.44%	2,277 +163.24%	14.43% +28.76%	人群透视 趋势 商品效果
手淘我的评价	11,877 +79.55%	1,709 +159.73%	14.39% +44.66%	人群透视 趋势 商品效果

图 3-1

这三种核心免费流量来源的具体含义如下。

（1）手淘搜索流量：客户通过手淘客户端的淘宝搜索，进入你的店铺页面或产品详情页，如图 3-2 所示。

（2）手淘首页流量：客户通过手淘客户端的首页（广告 Banner、每日好店产品除外），直接进入你的店铺页面或产品详情页，如图 3-3 所示。

图 3-2　　　　图 3-3

（3）淘内其他免费流量：访客通过淘宝之外的 App 访问淘宝 App 或天猫 App 等淘系 App。由于目前尚无相关数据记录，因此无法识别来源，暂时归为其他流量。

淘宝 App、天猫 App 等淘系 App 内有一部分无线活动页面由于没有打上相关的标记，由这些页面带来的流量暂时归为淘内其他流量。

淘宝 App 中的部分插件，若遇到安卓客户的部分日志缺失，则产生的相关流量被归为淘内其他流量。

2. 获取手淘搜索流量和手淘首页流量需要掌握的五个关键法则

第一个法则：平台重视什么都会反映在搜索权重上。比如，阿里巴巴想通过直播来让客户在淘宝停留更久，那么做好直播就更容易获得更多免费流量。

第二个法则：店铺和产品的标签不明确就难以获取到流量。一旦店铺和产品的标签不明确，平台就无法知道什么流量适合你，自然也不会给你分配流量。

第三个法则：手淘搜索带来的是有明确需求的客户，所以转化率是最核心的考核指标。

第四个法则：手淘首页流量是推荐流量，客户没有很明确的需求，所以勾起客户兴趣是获取首页流量的第一要素。对于新颖的产品，点击率是考核的第一标准，平台会根据转化效果决定是否继续给予流量。

第五个法则：要从存量市场中挖掘增量市场，也就是要让你的客户买了还想买，注重老客户回购，你能够获得的免费流量就会越来越多。

二、付费流量

1. 付费流量的来源

付费流量一般指的是平台内部的付费竞价流量，比如从直通车、超级推荐、淘宝客、智钻等渠道购买的流量，具体数据如图 3-4 所示。商家可以从生意参谋的“流量—店铺来源”中查看自己店铺付费流量的具体数据。

付费流量	515,335 +45.46%	7,803 +139.43%	1.51% +64.60%	趋势
直通车	422,795 +54.62%	2,894 +204.31%	0.68% +96.81%	详情 人群透视 趋势 商品效果
超级推荐	49,544 +30.01%	234 +120.75%	0.47% +69.80%	人群透视 趋势 商品效果
淘宝客	44,847 +9.99%	4,600 +113.06%	10.26% +93.72%	人群透视 趋势 商品效果
智钻	23,005 +602.01%	183 +695.65%	0.80% +13.34%	人群透视 趋势 商品效果
品销宝-明星店铺	9,516 +25.29%	409 +163.87%	4.30% +110.60%	人群透视 趋势 商品效果
聚划算	36 -99.74%	4 -94.81%	11.11% +1,865.37%	详情 人群透视 趋势 商品效果
品销宝-品牌专区	1 -	0 -	0.00% -	人群透视 趋势 商品效果

图 3-4

2. 付费流量广告位展示

图 3-5 和图 3-6 展示的分别是钻展首页焦点图展示位置和直通车“猜你喜欢”定向位置。

图 3-5　　图 3-6

3. 付费推广的四个作用

（1）获取测试数据：比如测款、测试图片点击率等。

（2）提升数据量：比如通过付费广告提高销量，从而提升店铺层级。

（3）制造优秀数据：新品期数据量小表现不稳定，可以通过直通车增加数据量，让平台知道你的产品表现良好，比如通过人群定向投放的数据，让平台知道适合你的店铺的人群标签。

（4）获得盈利：当你的投入产出比很好，有钱赚的时候，就可以不断加大投入，获得盈利。

三、活动流量

1. 活动流量介绍

这里的活动流量主要指的是通过报名参加官方活动获得的流量，目前官方活动主要为两大类。

官方日常活动：比如聚划算、淘抢购、天天特价等。

官方大促活动：比如“99”大促、“618”大促、“双 11”大促等。

2. 什么情况下更容易报名成功

1）爆款产品让利

爆款产品本身就是被验证过的好产品，通过活动让利会有非常大的购买诱惑力，活动报名自然容易成功，但是爆款产品不要轻易去报名参加活动，尤其是要求让利幅度大的活动。

2）潜力新款产品让利

潜力新款产品既有热卖潜质，又是新款新品，缺乏的是曝光和流量，容易报名成功是因为活动主办方会认为只要给你流量你就会带来更大的价值。当然，潜力大小是要与报名的其他产品来比较的，所以报名前也要了解这个活动一般都是什么样的产品在参加，比如通过观察平时参加活动的潜力新款及其转化率、价格等，以此判断自己产品的定位。

3）店铺能完成活动目标

如果以前你的店铺每次参加活动都能完成活动目标，那么你后续报名就会很容易成功。

四、内环流量

内环流量指新用户进入店铺以后，在店铺内部形成的流量闭环。内环流量往往是我们在运营中最容易忽视的。

维护好内环流量可以大大提高店铺自身的权重，从而获得平台更多的流量。我们可以把平台比作超市，如果你刚进入超市门口就出来了，那么你的流量价值自然是最低的，所以很多超市把出口和入口的距离设计得很远，这样进来的客户停留的时间就长了，停留的时间越长，购买的概率就越大，转化率也能得到提升。购买得多了，客单价也就提高了。超市也会设老会员优惠日，其目的就是促进客户回购。

所以运营人员要思考内环流量的引导设计，利用好内环流量可以带来转化率的提升、客单价的提升、客户停留时间的提升，促进老客户回购。对于流量瓶颈现象越来越严重的平台来说，每个访客的成交额都很重要，所以如果我们提高了单个访客的客单价，自然就能够获得更多的免费展现流量。你会发现，内环流量的设计与免费流量的获取息息相关。

五、站外流量

站外流量指的是从平台以外的其他渠道获取的流量，比如从微博、抖音等平台获取的流量。站内流量萎缩导致单客户流量成本越来越高，从站外获取流量变得越来越重要。而平台也开始给那些从站外获取流量的产品更高的权重，因为它们能给平台带来新的流量增长。

本节小结

以上五种流量来源就是我们运营时需要特别注重的。尤其是内环流量、站外流量这两种更考验店铺“内功”的流量渠道，对于站内免费流量的获取会有非常大帮助。但是短期内获取流量不算本事，真正厉害的是你能够将流量转化为价值，这样才能够持续获取流量。

本节思考题

本节我们提到了内环流量，假如你是店铺运营人员，你会如何设计流程，让客户在店铺里停留更长时间？

第二节
市场上升期获取流量的三种权重组合

↘ 本节要点

掌握选择正确时机的方法。

掌握不同阶段获取流量的方法。

我的一个朋友为了做好羽绒服营销，在冬季一鸣惊人，花了半年时间，在产品、拍摄等各方面都做了充足的准备，然后信心十足地在10月份正式上架销售，加购率、转化率等一些重要的指标也不错，但就是流量“起不来”，最后导致了库存积压。

从上面的问题阐述中可以看出，其实他犯了两个大多数运营人员都容易犯的错误。

第一个错误：产品第一批“上新”节点不对。

第二个错误：在不同的市场阶段没做正确的运营工作。

既然知道了问题所在，接下来我们来具体分析如何运营才是最正确的方式。

一、正确时机的选择

1. 羽绒服市场走势

图 3-7 所示为羽绒服市场趋势图，从图中我们发现了两个重要的市场信息。

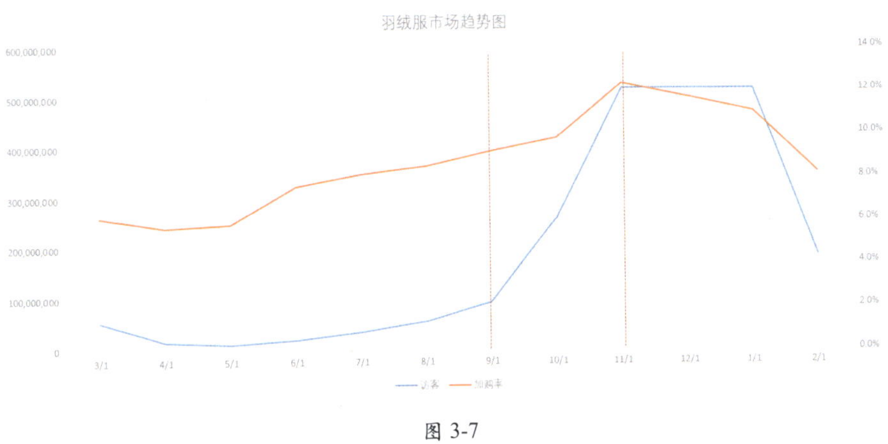

图 3-7

从一整年的趋势来看，羽绒服销售实际上在 6 月份就进入了缓慢“爬坡”阶段，无论是访客还是加购率指标都在持续增长。但是真正的市场上升周期只有 10 月和 11 月，持续时间非常短。一旦操作不当，就很容易错失整个羽绒服市场。

羽绒服市场的成熟期是在 11 月到 1 月份，这是羽绒服的销售高峰期。但是你会发现 2 月份就出现了断崖式暴跌，所以清仓不能等到 2 月份开始，1 月份就要开始清仓了。“双 12”也是一个节点，“双 12”一过，市场基本开始进入疲软期。所以正常情况下，在“双 12”就可以开始羽绒服清仓。

2. 根据市场信息制定入市节点

我们根据上面得到的市场信息，总结出进入羽绒服市场正确的做法。

（1）6—8 月份属于入市前阶段，可以随便选一个时间点测款、测图、测营销。

（2）8—9 月份为市场上升期第一阶段，这时主要维持好产品基础销量、评价，以及点击率、加购率、转化率等的水平。

（3）10—11 月份为市场上升期第二阶段，这时要加大产品推广力度，提升产品销量优势。

（4）在“双 12”结束后，进入市场上升期的第三阶段，也是稳定阶段，这个时候要保持销量的稳定并且提前进行清仓营销等准备。

以上就是我们用数据化方式来做羽绒服运营的运营节奏。每个阶段的运营侧重点都是不同的，运营节奏是需要根据市场趋势来安排的。没有对市场周期的整体性考虑，就很难得到想要的结果。

上面案例中的店铺就错过了进入市场的最佳时机，在市场快速上升阶段进入了市场。既然错过了最佳时机，应该如何通过运营来挽救呢？

二、不同阶段获取流量的方法

1. 市场上升阶段的流量权重分配法则

对于很多事情，顺势而为往往能够让我们事半功倍，但是一个市场的“顺势期”也有三个阶段，分别是起步期、增长期、成熟期，如图 3-8 所示。我们进入市场的时期不同，需要投入的成本、代价也不同，越晚进入市场，所需投入的成本就越高，成功的概率也就越小。接下来我们具体看看，在三个阶段中分别该怎么获取流量。

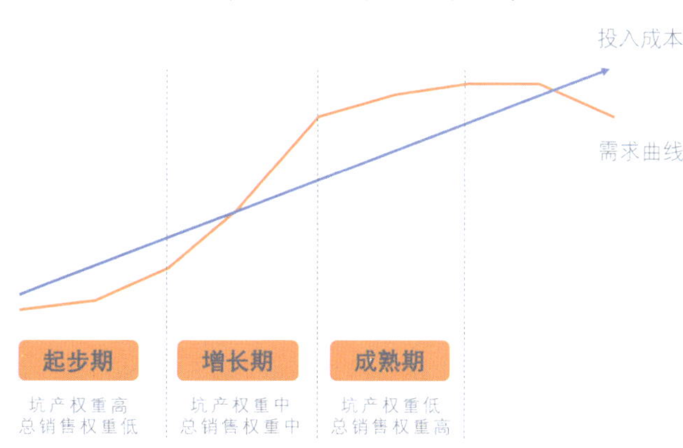

图 3-8

1）第一阶段：起步期

起步期的权重分配法则是：单位坑产（坑产即坑位产出，指在平台分配给你的产品展示位置上，产品能够带来的销售额）权重高，销量权重低。

这个时候，由于消费市场需求还没起步，流量分配正处于开始阶段，那么谁的产品更受消费者欢迎，谁就能在接下来的流量增长阶段获得更多流量。比如在这个阶段有 A、B 两款产品，平均每 1000 次展现，A 能够带来 1000 元的产出，而 B 只能带来 500 元的产出，那么你作为手握流量的平台规则制定者，你肯定会认为 A 更有价值，给 A 分配更多的流量。所以这个阶段我们要特别注意我们的点击率、转化率、收藏量、加购率等参数，使其都比行业平均水平优秀。

2）第二阶段：增长期

增长期的权重分配法则是：单位坑产权重和销量增长幅度权重同等重要。

到了这个阶段，市场需求强劲，平台会优先给起步阶段表现优秀的产品流量，而这个阶段能否让数据稳定增长十分关键，运营人员除了要关注前面提到的点击率、转化率、收藏量、加购率等参数外，还要保证产品销量增长幅度要高于行业均值，并且快速积累销量。这个时候进入市场的投入成本就比第一阶段要高了，而前面案例中的羽绒服产品就是在这个阶段进入市场的。

3）第三阶段：成熟期

成熟期的权重分配法则是：单位坑产权重低，总销量权重高。

到了这个阶段，平台的流量分配基本上已经趋于稳定了，市面上好卖的产品基本都是得到消费者认可的。而对于新进入的产品，在没有流量分配的前提下需要做到与目标坑位的产出相当才行。比如某个位置的产出是 100 万元 / 月，那么你至少要先证明你的产出也有这么多，你才有资格抢这个坑位，同时抢这个坑位的流量。

2. 坑位产出的计算方式

如图 3-9 所示，展示位的位置越靠前，带来的曝光量就越大，这相当于线下店铺位置越好人流量越大。而你的产品销售额贡献越大，平台就越愿意给你更好的位置，所以如果想要抢夺这个展示位置，你就要知道目前在这个位置的产品的坑产有多大，并想办法超越它。

图 3-9

很多人对坑产有很大的误区。如图 3-9 所示，有人搜索关键词“书包女韩版高中”，看到展示的付款人数，就误以为要争取到图中第 3 个位置需要 4295 × 79=339 305 元的坑产，这是不对的，图中展示的是产品总的销售情况，而不是该关键词下的实际产值。具体的计算方法如下。

第一步：如图 3-10 所示，在淘宝搜索页面搜索“书包女韩版高中”这个关键词，找到搜索结果中排位靠前的产品，并且放入生意参谋“竞争情报”中观察。

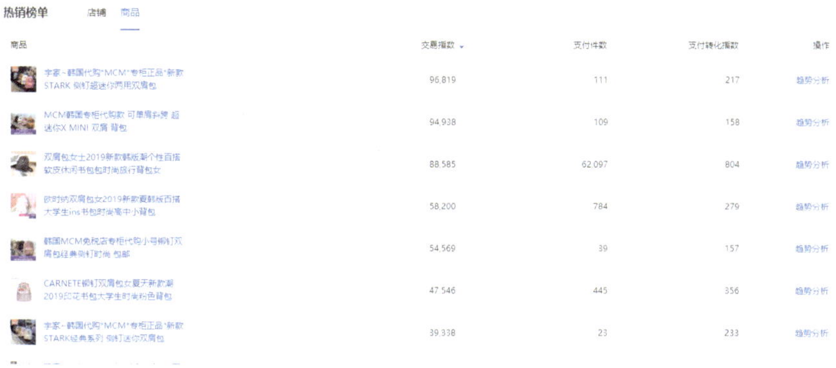

热销榜单　店铺　商品

商品	交易指数	支付件数	支付转化指数	操作
宇家~韩国代购"MCM"专柜正品"新款STARK 铆钉超迷你两用双肩包	96,819	111	217	趋势分析
MCM韩国专柜代购款 可单肩斜挎 超迷你X MINI 双肩 背包	94,938	109	158	趋势分析
双肩包女士2019新款韩版潮个性百搭软皮休闲书包包时尚旅行背包女	88,585	62,097	804	趋势分析
欧时纳双肩包女2019新款夏韩版百搭大学生ins书包时尚高中小背包	58,200	784	279	趋势分析
韩国MCM免税店专柜代购小号铆钉双肩包经典铆钉时尚 包邮	54,569	39	157	趋势分析
CARNETE铆钉双肩包女夏天新款潮2019印花书包大学生时尚粉色背包	47,546	445	356	趋势分析
宇家~韩国代购"MCM"专柜正品"新款STARK经典系列 铆钉迷你双肩包	39,338	23	233	趋势分析

图 3-10

第二步：在所观察的产品中，找出“书包女韩版高中”这个关键词的访客数最多的那个竞品，如图 3-11 所示。

入店搜索词　引流关键词　成交关键词　淘宝 | 天猫 | 无线端

本店商品 关键词	访客数	关键词	访客数
双肩包	209	书包女韩版高中	1,397
双肩包女	195	书包	1,083
书包	181	书包女	983
书包女韩版高中	173	双肩包女	685
书包女ins风	131	书包男	322
书包女	125	背包女双肩	283
双肩包女学生ins	84	双肩包	217
背包女双肩	50	中学生书包女	140
双肩背包女	44	双肩背包女	117
背包	40	双肩包男	108

图 3-11

第三步：计算当下成交关键词下面的产出价值及转化率。具体的数据我们可以在生意参谋的“竞品分析—入店搜索词”中看到，如图 3-12 所示。由于目前生意参谋中的数据是交易指数，因此我们需要通过一些指数换算工具将其转换为交易额，如图 3-13 所示。

入店搜索词　引流关键词　成交关键词　　淘宝 | 天猫 | 无线端

本店商品 关键词	交易指数	竞品1 关键词	交易指数
书包	76	书包	471
书包女	58	书包女	404
双肩包	58	书包女韩版高中	397
书包女ins风	58	书包男	261
mracehomme	58	双肩包女	243
双肩包女	58	森马双肩包	203
背包女双肩	37	双肩包	147

图 3-12

输入转化指数:	输入生意参谋的转化指数	真实转化率:	转化指数输入有误
输入交易指数:	397	真实交易额:	37.64

图 3-13

通过以上三步，我们就可以真正计算出，对于“书包女韩版高中”这个关键词，你要获得与竞争对手相近的流量所需要的坑产值，如图 3-14 所示。

关键词坑位数值计算

- 关键词坑位日可带最大流量：1300
- 转化买家数：38
- 转化率：2.9%
- 坑位日产出值：2622元

图 3-14

本节小结

大家记住一句话：顺势而为并且让自己赢在起跑线上。这样我们投入的成本最低，成功的概率最大。

本节思考题

如果你同样犯了上面案例中的错误，在市场第二阶段才让产品上架，你该怎么利用数据制订你的运营计划，获得流量增长？

第三节 市场下滑期如何使流量稳定与上升

本节要点

掌握下滑阶段稳住流量的两个原则和四个方法。

一、市场下滑阶段需要注意的两大关键原则

流量的获取与我们所处的市场周期是息息相关的，有购买需求的人多了，进入平台购买的人自然就多了，所以我们在店铺流量上涨或者下跌的时候都会分析市场整体流量的变化情况。在第二章中我们已经知道，在市场上升期，因为需求处于增长阶段，一些有潜力的产品至少还有测试机会，但是一旦到了市场的下滑阶段，平台对于流量的给予就会变得非常苛刻。我们在思考问题的时候一定要站在平台的角度，企业要保证业绩，平台也是如此，而平台的业绩是由众多的商家积累而成的。从这个角度进行思考，在市场下滑阶段，我们需要重点注意两个关键点。

1. 销售额下滑幅度比行业整体下滑幅度小，流量的下滑就会比对手缓慢

举个简单的例子，比如市场有 A、B 两款产品，贡献值都是 100 万元，A 的下滑幅度是 20%，B 的下滑幅度是 30%，那么自然是 A 产品让市场的下滑

速度变慢，平台就会把本来要给 B 的部分流量给 A。如图 3-15 所示，可以看出本店销售下滑幅度更明显，所以店铺运营人员就应该注意了。

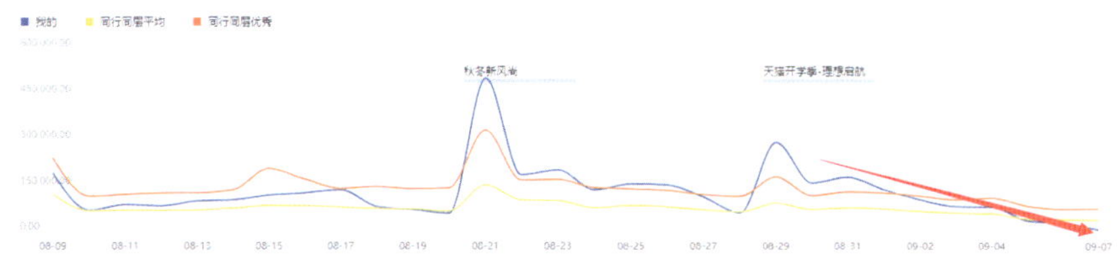

图 3-15

2．店铺体量越大，并且下滑幅度比行业整体下滑幅度小，流量会越集中于本店铺

这一点也很好理解，体量大的店铺，一旦业绩下滑，牵动的就是整个行业，自然更被关注。这就好比一个店铺，常规款即使销量下滑甚至不卖了，对整体店铺业绩的影响可能并不大，但是如果爆款销量出现大幅度下滑，那么这个店铺可能就出大问题了。

以上就是我们在市场下滑期要特别注意的两个关键点，接下来我们来看一个真实的案例。

有个店铺遇到过这种情况：在市场上升阶段，凭借产品在市场中的优势，增长幅度要远大于市场均值和一些竞争对手，但是过了高峰期市场开始下滑的时候，店铺业绩也开始跟随着下滑，一开始我们还没感觉到什么问题，毕竟整个行业都在下滑，但是当行业走势开始平稳时，我们的店铺依然出现持续不断的下滑，而且下滑越来越快，如图 3-16 所示。店铺层级也直接从第六层级掉到了第三层级，这时候问题就非常严重了。

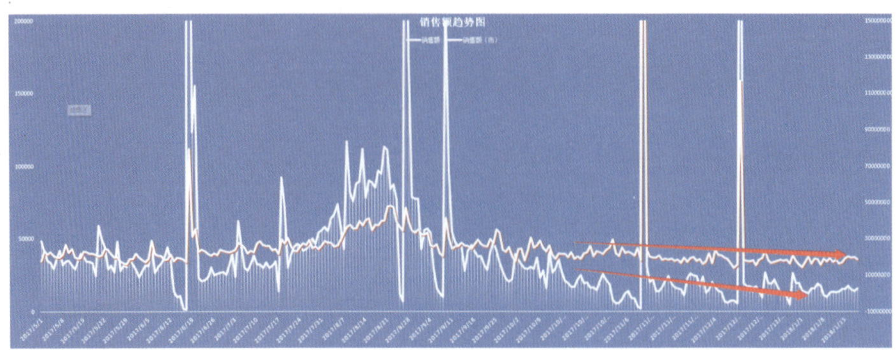

图 3-16

为什么会出现这样的现象呢？我们通过数据分析发现，店铺销售额在高峰期结束的时候，下滑的幅度比行业下滑幅度大很多。如图 3-17 所示，店铺的销售波动就像过山车一样，波动非常明显，而在接下来的时间里，运营人员也并没有采取任何补救措施，同时，店铺越大，影响越明显，所以导致这个店铺下滑的速度更快，最终失去了在上升期间建立起来的流量优势。

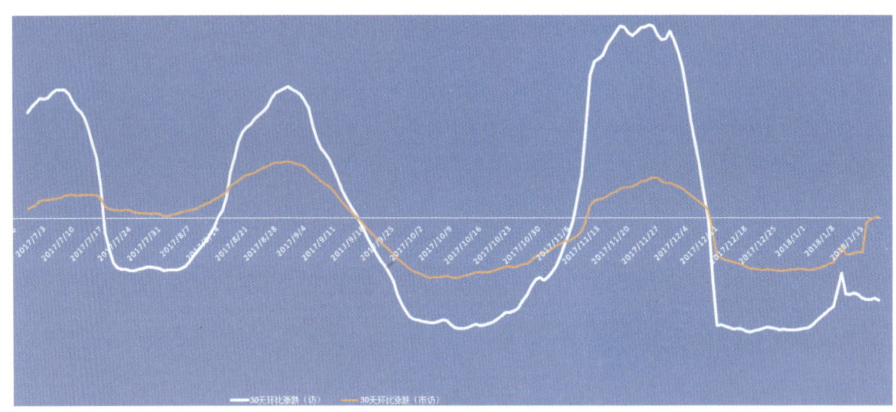

图 3-17

通过这个案例我们可以发现，即使是某类目的顶级店铺，在下滑期，如果下滑幅度超过行业幅度，波动性过大，不注意调整也一样会被无情地抛弃，而且体量越大跌得越惨。所以在运营的过程中发现这种情况时，一定要做好优化，控制住下滑趋势。

二、市场下滑阶段防止流量暴跌的方法

市场下滑的趋势是不可逆转的，但是我们可以想办法减缓下滑速度。本节来教大家从以下四个方面做调整。

（1）通过钻展付费投放，争取流量并形成转化。

（2）通过参加各种活动，保持流量的曝光，加速产品清仓。

（3）采取以旧带新策略。比如买了清仓款后可以用半价买新品，利用下滑期的产品引进来的流量，为新品打造前期基础。当然，这样引入店铺的是同一类消费者群体。

（4）开发小爆款群。店铺的多个小爆款比单个大爆款能够更好地减缓下滑速度，所以在前期选品的时候，要根据市场数据做好对产品的规划，不然就是自己抢自己的流量，很难产生小爆款群。

以上四种方法就是我们在市场下滑期之前做好的准备。大家可以根据具体情况选择方案，减缓下滑速度，超越竞争对手。

本节小结

大家一定要特别关注市场下滑期间的行业动向，以及竞争对手的数据，不要因为市场也在下滑就放任自己店铺的下滑。市场下滑期间的基础巩固会为下一轮的上升阶段带来更好的效果，我们在前面讲拐点思维时讲到的“弯道超车”，实际上就是在市场下滑阶段竞争最缓和的时候完成的逆袭。

本节思考题

在运营过程中，哪些营销方法可以在市场下滑过程中有更好的清仓效果呢？

第四节 标品卖家如何在市场饱和期异军突起

↘ 本节要点

了解标品类目市场不是一成不变的。

掌握标品类目突破的四个关键点。

前两节讲了针对有季节性的品类在市场的上升阶段和下滑阶段怎么把控运营节奏。而本节主要来讲标品类目该怎么做。

一说起标品，大家就会认为标品类目没有季节性，所以基本上趋势很稳定，其实这个看法是片面的。任何品类都会有增长期和衰退期，只是大部分人进入市场的时候刚好处于类目的饱和期，所以看到的波动并不明显。

如图 3-18 所示，分类垃圾桶属于标品类目，但是随着政策的改变，这个类目就进入快速增长期了，所以标品类目并非一成不变，只是因为跟风的人多，在市场饱和期才进入市场。但是饱和的市场也不是一成不变的，接下来我们讲一下“搅动”饱和市场的方法。

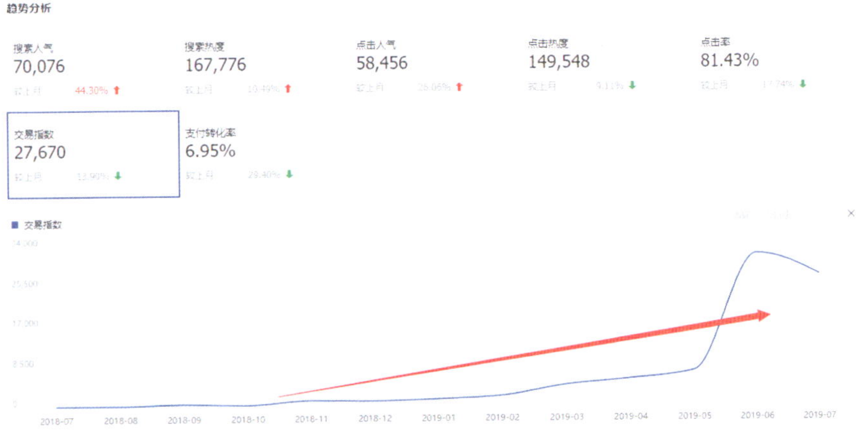

图 3-18

一、标品类目的四种搅局者

一般情况下，标品类市场都处于饱和期，基本上各种产品的排位都相对稳定，所以想要搅动市场使流量再次分配，就需要一只扇动翅膀的“蝴蝶”，引发蝴蝶效应，我们也可以认为需要一个市场的“搅局者”。接下来具体介绍四种搅局者。

1. 创新迭代的产品

有创新的产品更容易取代市场上现有的产品，比如市场对耳机的需求是比较固定的，但随着蓝牙耳机的创新发展，蓝牙耳机会夺取部分传统耳机的流量，所以蓝牙耳机带来了耳机市场新一轮流量分配机会。图 3-19 所示的传统耳机交易指数在 2018 年年底有了下滑的迹象，而图 3-20 所示的蓝牙耳机交易指数则从 2018 年开始增长。

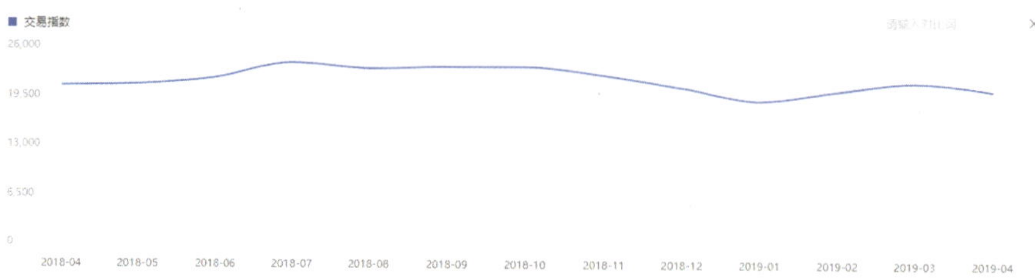

图 3-19

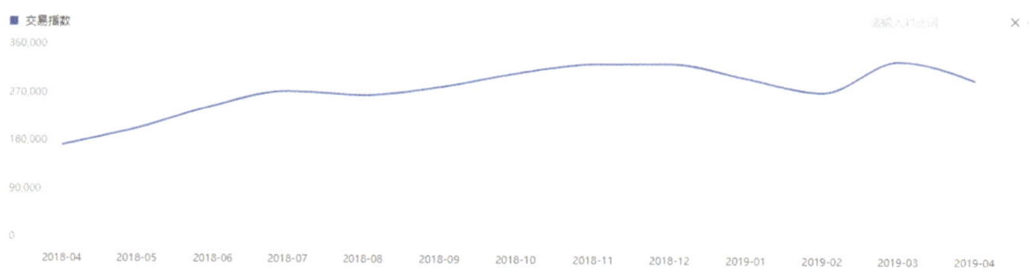

图 3-20

2. 激发新市场需求的新产品

一款新手机的发布就会带来一批新手机壳消费者，手机壳市场的流量就会进一步重新分配。如图 3-21 所示，2018 年 9 月份 iPhone XS Max 上市，所以其手机壳就在 9 月份的时候出现了快速增长的趋势。

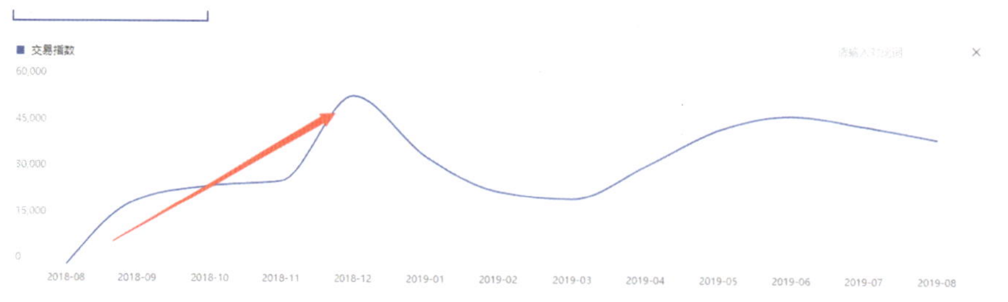

图 3-21

3．自带流量的强势王者

以空气净化器市场为例，小品牌商家依靠淘宝给予的流量，在一开始快速抢占了市场，如图 3-22 所示。而当小米这种强势的“王者”一进入市场，市场的格局一下子就变了，流量的分配自然也发生了巨大变化。

流量来源	本店 流量指数	竞店1 流量指数	[illegible]
淘内免费	16,651	23,508	17,068
付费流量	9,033	16,048	5,967
自主访问	7,923	11,602	4,771
淘外网站	193	171	12

图 3-22

4．利用非刚需产品活动前后销售落差强势切入者

为什么要强调“非刚需产品”呢？因为像大米或油盐酱醋这些刚需产品，大家一般不会等到活动降价才购买，而非刚需产品大家不着急用，所以能等到降价时购买。因此大型活动后，那些参与活动的竞品会有比较大的销售落差，这就是我们最好的逆袭时间节点，如图 3-23 所示。

与前面三种情况相比，这一种是最常见的搅局方式。

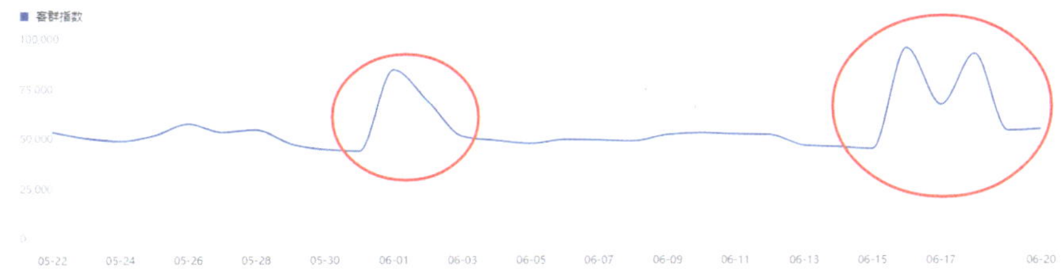

图 3-23

二、成功搅局的过程解读

接下来来看第四种搅局者成功逆袭的案例。

前面提到过，有位卖耳机的商家在“618”结束后推出一款产品，款式基本上跟我朋友的一样。在此之前，我朋友的这款产品一直都是市场上卖得最好的，但是这个竞争对手进入市场后非常强势，流量开始往他们那边倾斜，对手撬动了我朋友的市场份额。而类似这种情况，在 2018 年“618”之后还发生了好几例，而且都是 3C 类目的。

我们通过对市场和两个店铺的数据分析，发现了问题的关键，总结出了对手逆袭的四个关键要素。

1. 低谷期逆势增长

竞争对手的入市时间选择得非常好，在“618”后各主要竞争对手的销售低谷期强势切入，对手店铺在高速增长，而其他店铺都在下滑，形成了强烈的反差。

2. 体量够大

只有逆势增长趋势还不够，在成熟标品类目，数据的量级是个非常关键的考核指标，因此竞争对手第一天就大额度投放直通车，当天直通车就带来了 3000 人次的流量。

3. 数据指标够高

竞争对手产品的转化率在前 7 天几乎高出我朋友的产品 50%，7 天后才慢慢回落。

4. 稳定增长的周期够长

竞争对手的增长线差不多两个周期一共 14 天，然后付费推广流量开始回落，免费流量逐步上升和稳定。

从这个逆袭案例中可以看出，要想改变流量分配的格局，需要投入很高的成本和大量的资源。所以，对于这种非季节性标品类目，我们要考虑两个因素：

（1）你是否有足够的能力设定行业门槛。

（2）你是否有足够的资本完成快速积累，成为行业领先者。

如果两个答案都是“否”，那就好好去找一个竞争不激烈、市场规模小的标品类目，或者找一个市场需求刚起步的标品类目，比如宠物食品、宠物用品市场。随着城市“孤独症”越来越严重，养宠物成为了一种新的生活形态，自然会带动宠物食品、宠物用品等市场需求的发展。

本节小结

即使是标品类目，也不可能永远不变，任何市场都会有波动，只是相对于季节性产品，我们对于标品的把控要更加精准。

本节思考题

在你的店铺起步时，你是如何找到和选择自己的类目的，是否也有过因类目的选择太随意而导致流量获取困难的局面？

第五节

发现市场迭代期，获取再分配的流量

↘ 本节要点

掌握市场更替的规律，发现新需求蓝海。

在上一节中，我们讲到了搅动市场使流量再次获得分配的四种搅局者。本节详细讲述第一种搅局者，看一看如何通过对产品的创新来获得流量的再分配。

提到“创新”这个话题，很多中小卖家就失去兴趣了，认为这个方向太大了，自己也很难做到，所以也就很少去思考。

在这里，我先和大家分享我的一个朋友的案例。

这个朋友并不擅长什么技术，在刚开始的时候经营的是扣子款马甲，他发现卖这种款式的店铺太多，于是把扣子款马甲改成了拉链款，然后就卖“爆”了。后来市面上的同款越来越多，于是他就在基础板型上增加了高领设计，结果又卖“爆”了。他又想，马甲一般都是冬天穿，那么能不能夏天穿？按照这个思路，他设计出了网纱马甲，也卖得很好。随着手机尺寸越来越大，之前的马甲口袋越来越显得小了，于是他开发出了大口袋马甲，还在口袋里面设计了魔术贴防止手机丢失，结果依然卖“爆”了。再后来，代驾开始盛行，他就设计出了一款“代驾马甲”，又迎合了新的需求。

这个案例是不是很有趣？创新不一定是很复杂的事情，小卖家也可以创新，关键是看我们是否用心去感知客户的需求。市场竞争一定会越来越激烈，不用心对待客户，不去优化迭代产品，最终只有“死”路一条。

当然，创新不是靠自己拍脑袋乱想就可以的，市场的需求也是变化的，我们需要通过数据的辅助来做决策。比如我经常提到的拉杆箱类目，我们通过数据发现，消费者在 abs+pc 材质上的新需求一定会引发整个拉杆箱市场新的增长周期，所以我们趁势打造出了一个新店半年销售额 2000 万元的业绩。

那么，如何判断市场上是否出现了产品迭代的需求呢？

一、产品新属性带来的增长

对于属性的增长，我们可以把与该属性相关的 30% 以上的增长率和市场份额占比的提升作为判断依据。

我们以拉杆箱类目为例进行说明，如图 3-24 所示，2014 年我们进入市场的时候，拉杆箱增长速度超过了 100%，而且在我们进入市场的前两年，市场都保持着高速增长。但是到了 2015 年，市场的增速就开始放缓了，而且到了年底的时候甚至出现了下滑的迹象，这也说明市场中的机会稍纵即逝，如果不时刻关注市场，就很容易错过。

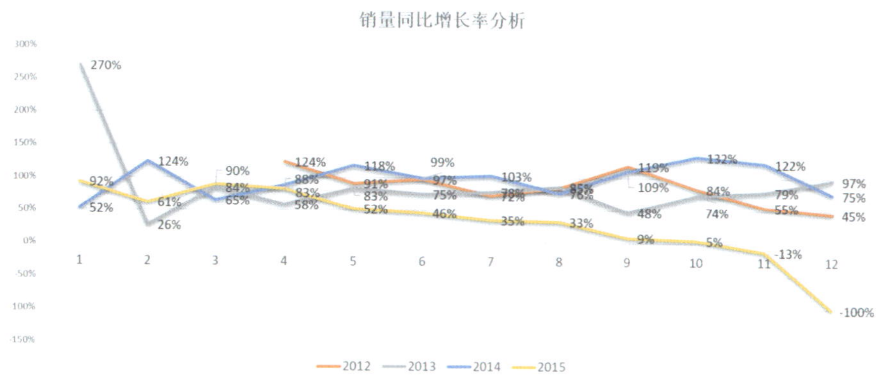

图 3-24

市场的增长是肯定有原因的，这时候我们就要通过数据去分析到底什么属性在增长。

如图 3-25 所示，从材质来看，abs+pc 材质的市场份额从 3% 增长到 47% 再增长到 58%，abs 材质的市场份额则从 45% 降到了 13%。

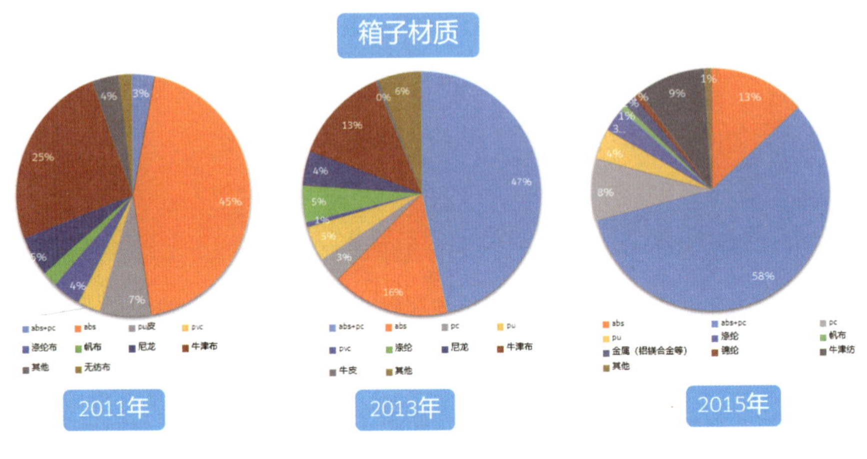

图 3-25

如图 3-26 所示，从硬度来看，早期也是软、硬箱子各占半壁江山，但是到了后期，硬箱子占了 80% 的市场份额。

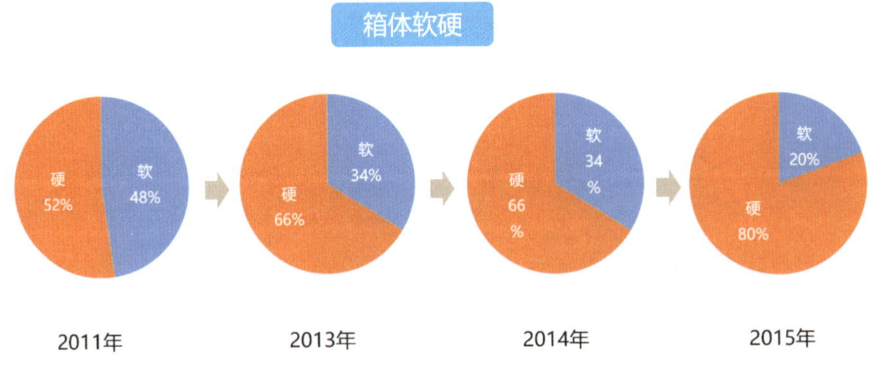

图 3-26

从这些数据来看，可以说整个类目都发生了天翻地覆般的大变动，市场处在新旧交替的过程，这也是我们能够快速取胜的关键因素。

二、市场竞争对手的变化

如果旧属性的产品销量在降低，而销售新属性产品的卖家数量在快速增长，就说明竞争局势发生了变化。

2014 年，我们进入市场的时候，拉杆箱市场处于需求更替的最关键的时刻，后面的数据分析也验证了这一点。如图 3-27 所示，2012 年开始，由于市场的交替，竞争商家的增长速度放缓，到了 2013 年，更是出现了商家大量退出市场的状况，帆布材质和 pc 材质拉杆箱卖家的退出导致整个类目卖家数量减少了 45%，但是这种情况到了 2014 年就反转了。经过了前面的“清洗”，大家也意识到了市场的转变，新的商家纷纷进入市场，而我们也到了不能再拖延的阶段，所以在 2014 年 3 月正式进入市场。

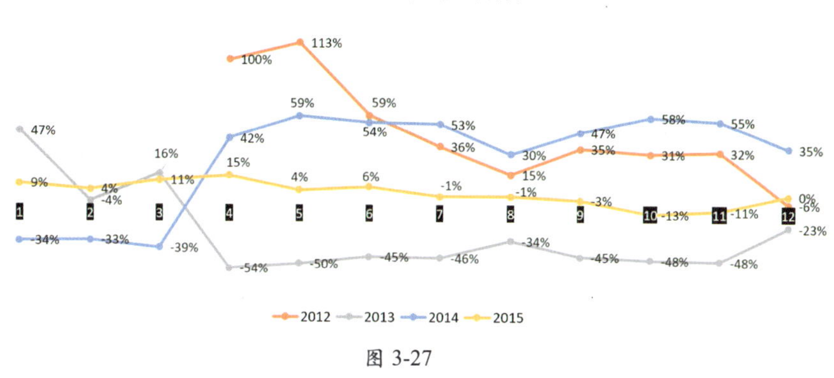

图 3-27

三、在高速增长的前期是否能够卖高价

正常情况下，一开始因为竞争对手还少，市场供给还满足不了消费者的需求，那么即使产品价格高一点也依然会被消费者青睐。如果产品只能低价销售，那么消费者对产品的真实需求也许并没有那么强烈，我们就要考虑是否有必要

投入精力去经营这些产品了。

我们在早期可以把价格定为 300 元左右，但是随着后续的竞争对手越来越多，同样材质的产品价格后来只能在 200 元以内，这也是正常的市场规律，当市场供给大于需求的时候，就会出现价格战，那也说明市场逐渐趋向饱和了。如图 3-28 所示，当下的 abs+pc 材质的拉杆箱市场，价格竞争更为激烈，大部分产品的价格集中于 150~200 元这个价格带。

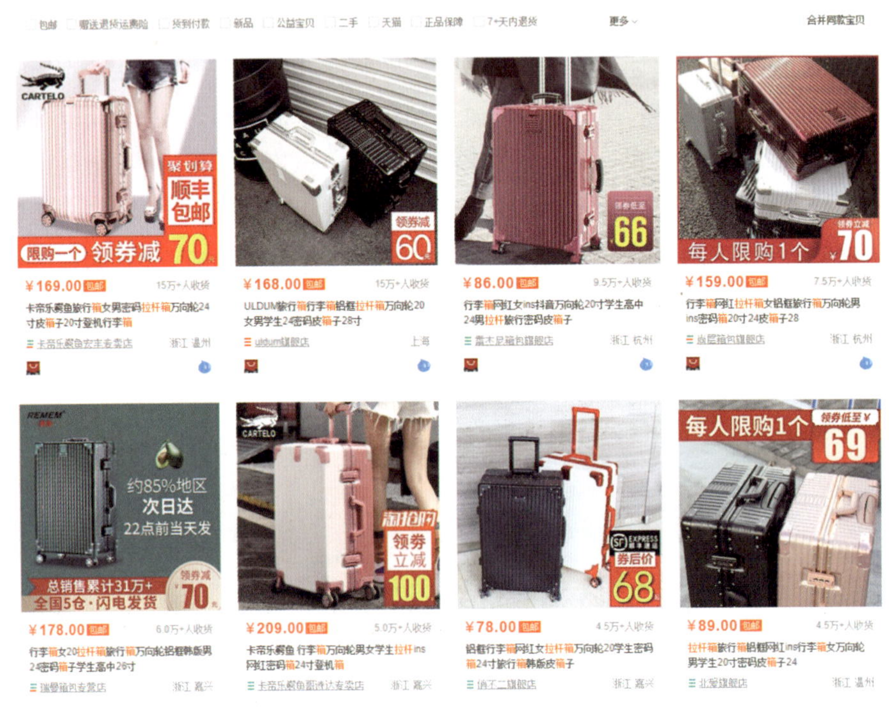

图 3-28

从以上三个维度进行分析，我们就可以很好地辨别市场的需求是否开始发生新变化了。这种敏锐的市场洞察力也是一名合格运营人员该有的能力。

本节小结

通过本节的讲述，希望大家能够更好地去监控市场需求数据的变化，及时调整产品，进行产品更新，让自己在早期竞争还不是很激烈的时候就能获得流量。大家不要误以为产品更新就一定是非常难的事情，最为关键的是把握住消费者的需求动向，在日常运营中多与客户进行沟通。

本节思考题

2018 年，沉寂了将近两年的拉杆箱市场再一次获得增长，如果你是拉杆箱的运营人员，结合市场的需求以及当下平台的意图，请分析现在进入是否为时已晚。

第六节
用两招判断你的流量上限

本节要点

掌握流量上限的判断方法。

了解市场属性导致的流量瓶颈。

很多刚入行的卖家会面临同一个难题：自己产品的各项数据指标，无论是转化率还是收藏率等都表现很好，但是流量增长到一定程度后就停滞不前了，不知道原因出在哪里，更不知道从哪里下手解决。

以后凡是遇到这种情况，我们一定要判断自己的产品是否有需求限制，具体的判断方法也比较简单，我们可以从两个维度来判断，是不是因为产品的属性限定了流量的增长。

一、从两个维度辨别产品的需求极限

（1）分析目前我们产品的销量占该类目产品总销量的比例，看是否达到了1% 以上。

大家要注意，这里的 1% 不是一个固定的值，第二章讲过，一个市场的容量越小，那么销量也会越集中，自然这个比例也就越大；一个类目越大，那么一家独大的可能性就越小，那么这个比例也就越小，所以上面说的 1% 适合亿元级以上的中级市场。一般来说，不同市场的参考比例如下。

年销售额 1000 万元 ~1 亿元：参考值 10%。

年销售额 1 亿元 ~100 亿元：参考值 1%。

年销售额 100 亿元以上：参考值 0.1%。

如图 3-29 所示，双肩包里的印花双肩包月支付件数约为 59 万件，按照单价 100 元来计算，印花双肩包的年销售额约为 7 亿元，所以我们采用 1% 来预估瓶颈，也就是这个类目产品的月销量的瓶颈为 5900 件左右，如果我们有单品达到了这个数量，那么想要往上冲刺就比较困难了。

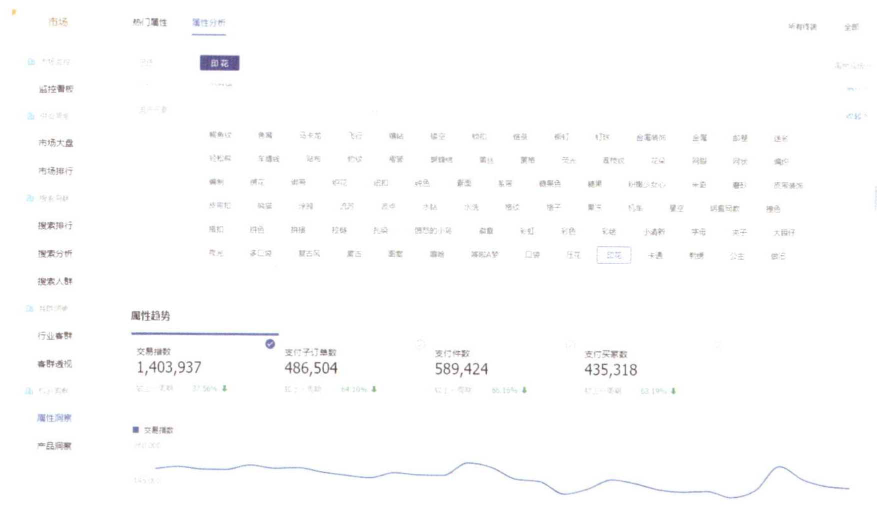

图 3-29

如图 3-30 所示，这个店铺的印花产品销量最高的是 3074 件，也就是说，这款产品实际上还是有上升空间的。

	商品加购件数	支付件数	支付金额
百搭高中学生书包... 3 较前一月	19,244 +53.98%	3,074 +15.04%	277,793.86 +8.70%
e双肩包女纯色高... 3 较前一月	16,536 +20.30%	1,715 -12.54%	217,425.02 -9.71%
ne双肩包女韩版... 1 较前一月	3,410 -18.46%	468 -41.79%	61,402.37 -40.30%
肩包女大容量15寸... 1 较前一月	5,601 +67.24%	421 -14.26%	55,789.65 -17.58%
容量双肩包女15寸... 3 较前一月	2,725 -11.18%	308 -36.10%	48,513.66 -38.42%
ne双肩包女韩版... 1 较前一月	4,427 +44.30%	408 -22.87%	40,042.24 -19.45%
ne纯色双肩包女... 3 较前一月	3,412 -31.76%	463 -55.14%	38,573.96 -54.13%
ne双肩包女韩版... 3 较前一月	2,366 -23.18%	319 -45.56%	37,840.57 -44.17%

图 3-30

（2）参考和我们有同样核心属性和价格的产品的最高销量。

这个维度主要是考核标杆产品，看它们能够有多高的销量，这样我们就有了参考的对象。这里说的最高销量不包含活动流量、淘宝客流量、付费流量等带来的销量，因为这一部分流量并不是系统分配的流量。为了减小少数大爆款的影响，让数据更具参考意义，可以计算销量前 10 名产品的平均销量来做参考。

如图 3-31 和图 3-32 所示，这个竞争对手的流量指数为 7832，但是搜索人气只有 677，说明他们的流量应该主要不是系统分配流量，所以我们进一步分析其流量结构。如图 3-33 所示，我们发现，他们的流量主要是付费流量和淘抢购活动流量，所以他们的销量就不能作为评估瓶颈的参考了。

热门属性　属性分析　　所有终端　全部

热销榜单　店铺　商品

商品	交易指数	支付件数	支付转化指数	操作
男士背包电脑旅游休闲商务韩版时尚潮流高中大学生书包旅行双肩包	185,895	17,830	814	趋势分析
牛津布尼龙ins超火双肩包女2018新款超轻百搭防盗大容量旅行背包	142,072	10,726	466	趋势分析
背包男双肩包休闲大容量旅行包时尚潮流韩版大学生初中学生书包男	110,444	7,616	691	趋势分析
ck双肩包男牛津布时尚潮流背包休闲大容量旅行包简约青年学生书包	98,085	1,386	581	趋势分析
学生书包男时尚潮流韩版初中校园休闲双肩包高中大容量旅行背包男	97,525	5,270	886	趋势分析
高中学生书包男士时尚潮流大容量背包韩版新款休闲旅行旅游双肩包	89,982	4,686	834	趋势分析
书包男双肩包时尚潮流初中生背包韩版原宿高中生大容量中学生书包	87,090	6,093	787	趋势分析
真皮双肩包女2018新款牛皮韩版时尚女士大容量简约两用休闲背包女	78,851	47,519	663	趋势分析
法国LMK真皮双肩包女2018新款头层牛皮时尚百搭潮女士休闲小背包	78,132	913	446	趋势分析
双肩包男士背包时尚潮流韩版书包休闲青年大学生百搭简约旅行旅游	78,089	1,819	547	趋势分析

图 3-31

图 3-32

对比指标　流量指数

流量来源	本店 流量指数	竞店1 流量指数	本店访客数
淘内免费	11,488	5,565	9,006
手淘搜索	7,396	602	4,244
手淘首页	4,766	214	2,018
淘内免费其他	4,447	845	1,796
手淘微淘	2,344	37	618
手淘其他店铺	1,907	121	440
手淘问大家	1,232	121	216

图 3-33

手淘淘抢购	-	4,971	-
手淘天天特卖	-	1,413	-
每日好店	-	37	-
付费流量	7,768	4,710	4,613
自主访问	5,889	1,137	2,883
淘外网站	107	-	5

图 3-34

通过上面两个维度的分析，我们就可以确定所选择的产品的销量上限是多少了，我们制订运营计划时也有了参考数据。实际上，并不是所有款都能够成为大爆款，如图 3-35 所示，这款迷你双肩包可能月销 1000 件就遇到瓶颈了。

图 3-35

二、案例：新属性的选择带来的销量倍增

某店铺以前一直在销售小众的印花双肩包，并且排名在双肩包类目前十名，印花市场前三名，但是随着销量的增长，店铺业绩和流量都明显受限，所以为了进一步提升业绩，他们在产品开发上选择了纯色这种与印花冲突没那么大的属性。如图 3-36 和图 3-37 所示，属性洞察数据显示，纯色产品比印花产品的“支付件数”要高出 10 多倍，所以纯色产品一上架后，在流量方面就迅速超过了以前的印花款，如图 3-38 所示，店铺流量最高的两个爆款都是纯色款，而

且纯色款流量最高的产品比印花款流量最高的产品的流量几乎高出一倍，从这个案例中不难发现，小小的思维转变可能带来大大出乎意料的效果。

图 3-36

图 3-37

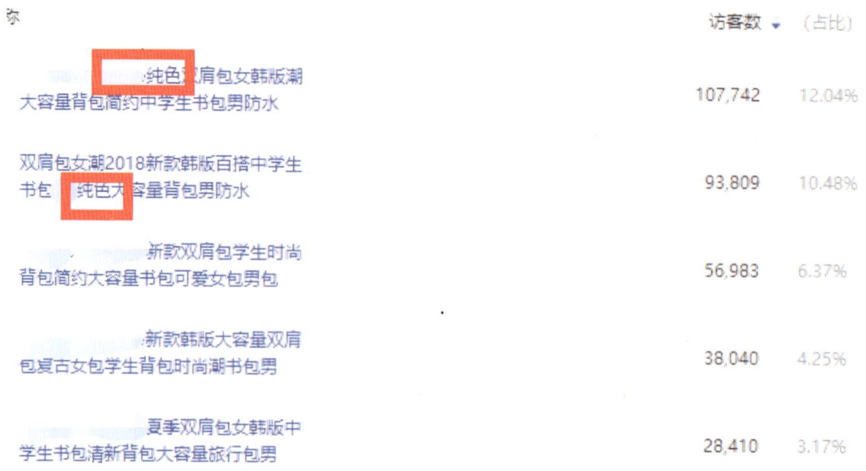

称	访客数	(占比)
纯色双肩包女韩版潮大容量背包简约中学生书包男防水	107,742	12.04%
双肩包女潮2018新款韩版百搭中学生书包纯色大容量背包男防水	93,809	10.48%
新款双肩包学生时尚背包简约大容量书包可爱女包男包	56,983	6.37%
新款韩版大容量双肩包复古女包学生背包时尚潮书包男	38,040	4.25%
夏季双肩包女韩版中学生书包清新背包大容量旅行包男	28,410	3.17%

图 3-38

本节小结

产品的不同属性对流量的获取有不同的影响，这也是一些运营新手非常容易忽视的问题。当然，这并不代表我们要马上挑选那些需求很大的产品，因为需求越大意味着竞争越激烈。对于刚起步阶段的小卖家而言，选择适合自己的产品才是最重要的，先选择小市场打好基础，再慢慢扩大市场，上面的双肩包店铺也是从印花小市场起步，慢慢提升自己的竞争力。

本章主要从市场环境方面分析流量获取的各种问题，希望大家在获取流量时不要误入歧途，如果忽视了市场因素，就算技术再强，流量也涨不上去，希望大家通过本章能够明白这个道理。

本节思考题

你若在运营的过程中遇到流量不增长的情况，除了从需求方面考虑，你还会怎么去分析问题？

第四章

引爆搜索与首页流量的数字密码

第一节 标题制作五步法让免费搜索流量暴涨

本节要点

了解标题制作的误区。

掌握标题制作的五个步骤。

对于商家来说，写好产品的标题是获取搜索流量的关键一步，本节我们就来分析一下标题制作的误区，并讲一下怎么制作标题才能引来更多的免费流量。

一、标题制作的误区

很多新手卖家在写标题的时候，总会陷入一种追求完美的误区。还有人认为只要写好标题就会有很高的搜索权重，就会带来流量，于是就学习各种各样的写标题的方法，希望能写出一个能快速吸引流量的神奇的标题。当然这种标题确实存在，有一种所谓的“神词”，其搜索量很大，但是相应的产品很少，自然曝光概率就变得很高了，比如 2019 年出现过一个词“牛油果绿”，如图 4-1 所示，从 2019 年春节开始，这个词的搜索量就开始快速增长。它是一个较新的词，刚开始的时候很少有产品用这个关键词，所以只要在标题中放入这个词，就会获得很高的流量，如图 1-2 所示。“牛油果绿”这个属性词与“T 恤”“连衣裙”等类目词可以组合使用，而像“牛油果绿呢大衣”“匡威牛油果绿”等组合都出现了搜索流量大，但是在线产品数很少的情况，于是这个词就成了“神词”。但是从图 4-2 中的趋势来看，“牛油果绿”的热度也会逐渐消失，也就是说，“神词”是不可持久的。

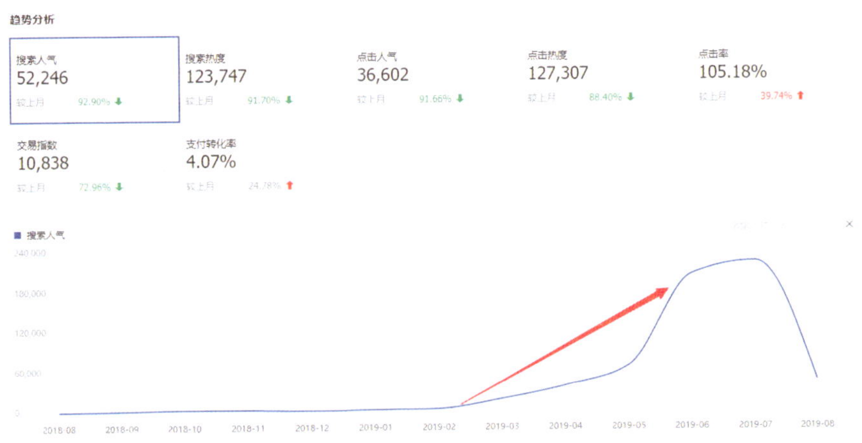

图 4-1

搜索词	搜索人气	点击人气	在线商品数
牛油果绿t恤	96,914	70,323	133,633
牛油果绿连衣裙	85,605	64,766	142,671
牛油果绿套装	59,824	41,517	59,288
牛油果绿卫衣女	43,642	32,253	27,213
牛油果绿上衣女	42,155	30,865	169,972
牛油果绿	40,682	28,562	280,634
牛油果绿呢大衣	22,911	11,690	1,388
牛油果绿衬衫女	22,045	15,276	23,776
牛油果绿抹茶绿t恤	21,871	14,713	23,804
匡威牛油果绿	21,434	17,816	754

图 4-2

像这种特例我们要善于去发现，但它们可遇而不可求。对于常规的标题关键词设置，就需要一定的技巧。我们要牢记三个选择标题和关键词的原则。

1. 标题关键词本身没有权重，权重是由店铺和产品的表现赋予的

比如“钱包男长款真皮”这个关键词，如果你的产品无法吸引客户，那么这个关键词也就没什么权重，所以如果没有好的产品，标题再好也意义不大，即使带来了流量，这些流量也会慢慢消失。如图 4-3 所示，商品访客数有 1794 人次，转化率却只有 0.22%，与 1% 的店铺平均转化率相比，这款产品的转化能力就太弱了，关键词怎么换都不会有好的效果。

	商品访客数	商品加购件数	支付件数	支付金额	支付转化率
迷你印花双肩包韩... 较前一月	124 +1,027.27%	0 -	0 -	0.00 -	0.00% -
新款韩版双肩包邂... 较前一月	134 -	0 -	0 -	0.00 -	0.00% -
新款韩版双肩包个... 较前一月	18 -10.00%	0 -	0 -	0.00 -	0.00% -
新款韩版可爱双肩... 较前一月	9 +125.00%	0 -	0 -	0.00 -	0.00% -
韩版新款双肩包时... 较前一月	2 -98.54%	0 -100.00%	0 -100.00%	0.00 -100.00%	0.00% -100.00%
款韩版学生时尚双... 较前一月	6 +20.00%	0 -	0 -	0.00 -	0.00% -
019新款韩版双肩包... 较前一月	1,794 +26.61%	47 +4.44%	4 -20.00%	485.83 -28.66%	0.22% -37.14%

图 4-3

2. 长尾词涵盖热词和大词，才能实现词与词之间的权重叠加

虽然关键词本身并没有权重，但是关键词的不同组合却有不同的市场竞争度，比如“钱包”就比“钱包男长款真皮”的竞争度高得多。如图 4-5 所示，一款新产品在没有什么权重的情况下，自然很难在“钱包”这个大关键词下与 270 多万件在线产品竞争。

那么“钱包男长款真皮”这个长尾词，是不是一个优秀的长尾词呢？

（1）我们先来看一下这个长尾词的日搜索人气是否在 500 次以上，点击率和转化率是否在行业均值以上。如图 4-4 所示，通过生意参谋中的数据我们发现，这个词符合上面的要求。

图 4-4

（2）如图 4-5 和图 4-6 所示，看一下“钱包男长款真皮”所涵盖的“真皮钱包男”“钱包男长款”“钱包男”等关键词的热度是不是逐级上升的。只有它们的热度是逐级上升的，“钱包男长款真皮”这个长尾词所积累的权重才会逐级传递到上面的热词中，才能够实现流量的爆发性增长。这就是长尾词所带来的关键词的权重叠加效应。

通过上面两个数据维度我们可以确定，“钱包男长款真皮”这个长尾词是很优质的长尾词。

搜索词	搜索人气	搜索热度	点击率	点击人气	在线商品数
钱包男	21,079	50,204	88.45%	16,481	2,770,992
钱包男长款	5,633	13,991	89.75%	4,469	156,143

图 4-5

相关词分析　相关搜索词　关联品牌词　关联修饰词　关联热词

搜索人气　搜索热度　点击率　点击人气　点击热度　交易指数　支付转化率
在线商品数　商城点击占比　直通车参考价

搜索词	搜索人气	搜索热度	点击率	点击人气	在线商品数	操作
男钱包2019新款 真皮	2,137	5,060	84.63%	1,607	25,151	搜索分析 人群分析
真皮钱包男	1,726	4,729	108.48%	1,432	169,149	搜索分析 人群分析

图 4-6

3. 关键词代表的是背后对应的人群

现在是标签化时代，搜索结果的展现也会受到人群标签的影响，所以关键词背后的人群是否适合我们的产品，也是我们要注意的。

如图 4-7 所示，“背包”和“书包”的搜索群体就不一样，从年龄段来看，18—24 岁的买家都属于主体搜索人群，但是“书包”的搜索人群在 30—50 岁段依然有很高的占比，这应该是父母给子女买书包。所以对于不同的人群，运营策略也不同。

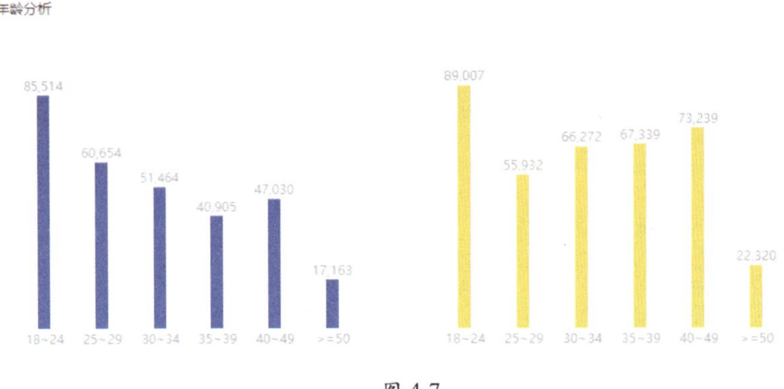

图 4-7

我们再来看看上面那两个关键词“钱包男长款真皮”和“钱包男长款”的搜索人群是否吻合。如图 4-8~ 图 4-10 所示，无论是从性别和年龄方面，还是从职业和支付偏好方面，两者的搜索人群都高度吻合，所以在前期借助“钱包男长款真皮”这个关键词提升“钱包男长款”的权重就是非常好的选择。

钱包男长款真皮 5,410
钱包男长款 42,481
性别分析
1,933
4,697
562
女
男
未知
16,772
36,503
4,861
女
男
未知
年龄分析
3,130
1,912
1,687
1,242
1,368
692
18~24
25~29
30~34
35~39
40~49
>=50
28,601
14,761
11,209
8,219
9,892
4,373
18~24
25~29
30~34
35~39
40~49
>=50

图 4-8

职业分析

人数
个体经营/服务人员
公务员
公司职员
医务人员
媒体从业者
学生
工人
教职工
科研人员
金融从业者
0 600 1,200 2,400
人数
个体经营/服务人员
公务员
公司职员
医务人员
媒体从业者
学生
工人
教职工
科研人员
金融从业者
0 5,000 10,000 20,000

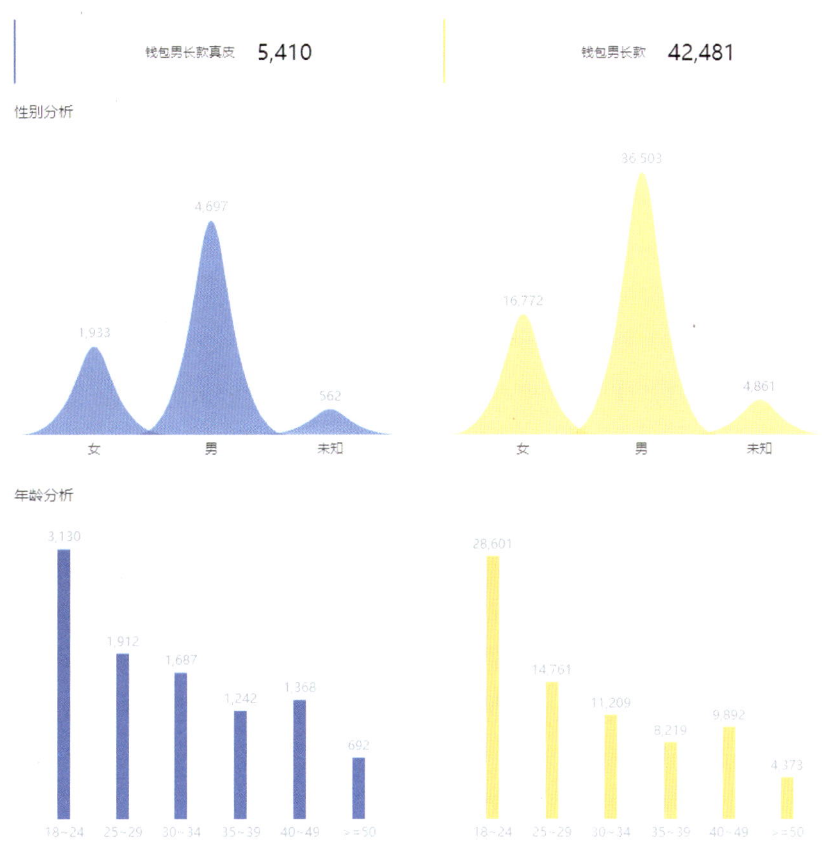

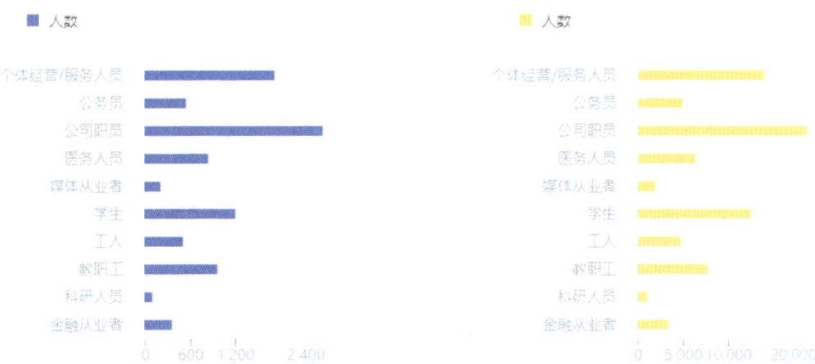

图 4-9

支付偏好

钱包男长款真皮

支付金额	点击人气	点击用户占比
15-30	37	12.51%
30-60	37	12.51%
60-90	37	12.51%
90-195	92	31.23%
195以上	92	31.23%

钱包男长款

支付金额	点击人气	点击用户占比
0-15	203	4.49%
15-30	785	17.33%
30-60	619	13.65%
60-90	629	13.89%
90-195	1,273	28.10%
195以上	1,022	22.55%

图 4-10

掌握上面三个原则，可以让我们更好地了解关键词的本质，从而避免盲目地去选择套用关键词。

二、标题制作的五个关键步骤

（1）确定产品的关键属性词。把最能够描述你的产品特征的属性词罗列出来，比如上面提到的“真皮”“长款”，以及上线年份等，如果不知道有什么好的属性词，可以在生意参谋的“搜索排行—修饰词”里面进行筛选，如图 4-11 所示。

市场

监控看板

市场大盘

市场排行

搜索排行

搜索分析

搜索人群

行业客群

客群透视

搜索词 长尾词 品牌词 核心词 修饰词

修饰词排行 热搜 飙升

搜索词	热搜排名	相关搜索词数	相关词搜索人气	相关词点击人气
女	1	1,575	47,041	36,753
男	2	883	34,710	26,979
小	3	541	23,715	17,456
男士	4	339	20,561	15,558
长款	5	523	19,143	15,171
短款	6	463	19,002	15,088
新款	7	160	14,645	11,437
学生	8	212	13,564	9,780

图 4-11

（2）把属性词与类目词组合成一级关键词，分析关键词搜索人气和增长趋势。

属性词就是我们上面提到的“真皮”“男”“长款”“时尚”等，类目词则是“钱包”“连衣裙”“双肩包”等,组合起来就是“真皮钱包”“时尚连衣裙”等，然后通过生意参谋的“搜索词排行”工具，分析关键词的搜索人气、增长趋势和背后人群等。所选择的一级关键词的搜索人气应该在前一百名以内，一般需要挑选 3—5 个一级关键词。如图 4-12 所示,“钱包男长款”就符合我们的要求，但是这个类目相对稳定，所以其增长趋势不那么明显，如图 4-13 所示。

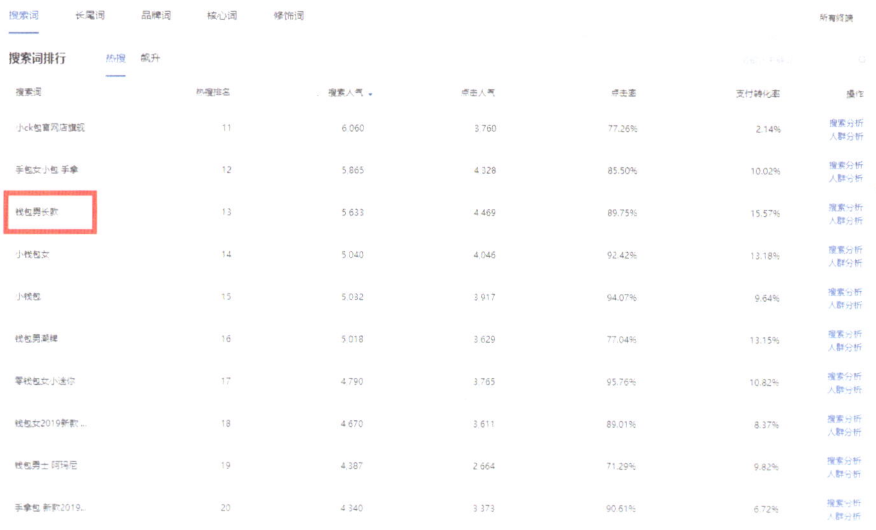

搜索词　长尾词　品牌词　核心词　修饰词　所有终端

搜索词排行　热搜　飙升

搜索词	热搜排名	搜索人气	点击人气	点击率	支付转化率	操作
小ck包官网店旗舰	11	6 060	3 760	77.26%	2.14%	搜索分析 人群分析
手包女小包 手拿	12	5 865	4 328	85.50%	10.02%	搜索分析 人群分析
钱包男长款	13	5 633	4 469	89.75%	15.57%	搜索分析 人群分析
小钱包女	14	5 040	4 046	92.42%	13.18%	搜索分析 人群分析
小钱包	15	5 032	3 917	94.07%	9.64%	搜索分析 人群分析
钱包男潮牌	16	5 018	3 629	77.04%	13.15%	搜索分析 人群分析
零钱包女小迷你	17	4 790	3 765	95.76%	10.82%	搜索分析 人群分析
钱包女2019新款...	18	4 670	3 611	89.01%	8.37%	搜索分析 人群分析
钱包男士 阿玛尼	19	4 387	2 664	71.29%	9.82%	搜索分析 人群分析
手拿包 新款2019...	20	4 340	3 373	90.61%	6.72%	搜索分析 人群分析

图 4-12

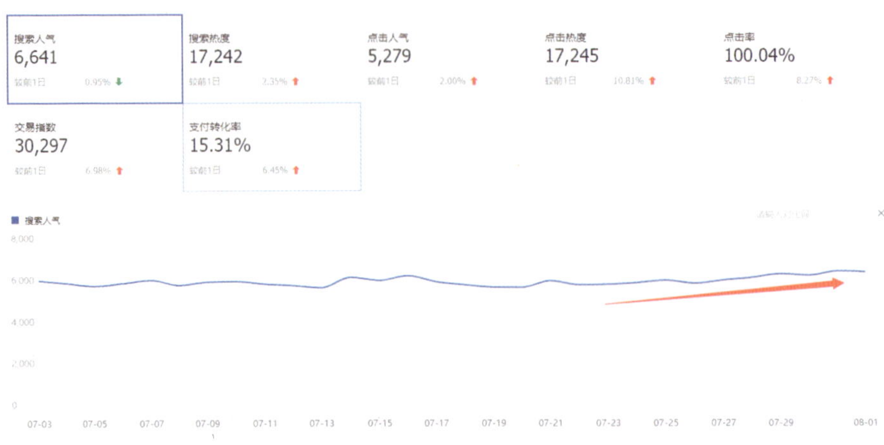

图 4-13

（3）围绕 3—5 个一级关键词进行拓展查询，把搜索人气高于 500 次，转化率和点击率高于平均水平的所有关键词罗列出来。

如图 4-14 和图 4-15 所示，针对拓展出来的关键词进行排除，筛选出适合自己产品属性的关键词，比如你的产品不是超薄的钱包，那么“钱包男长款超薄”就不能使用，而“钱包男长款拉链”等与产品相符的关键词就可以使用。

图 4-14

监控看板
市场大盘
市场排行
搜索排行
搜索分析
搜索人群
行业客群
客群透视
属性洞察
产品洞察

相关词分析　相关搜索词　关联品牌词　关联修饰词　关联热词

搜索人气　搜索热度　点击率　点击人气　点击热度
在线商品数　商城点击占比　直通车参考价

搜索词	搜索人气	搜索热度	点击率
钱包男长款	5,633	13,991	89.75%
男长款钱包	1,429	3,345	97.13%
长款钱包男	1,317	4,093	103.33%
男钱包长款	1,057	2,989	98.70%
钱包男长款拉链	936	2,393	94.38%
钱包长款男	826	2,605	117.66%
钱包男长款超薄	808	2,318	85.01%
钱包男长款阿玛尼	702	1,616	102.68%
钱包男潮牌长款	618	1,445	91.79%

图 4-15

（4）用函数统计属性词的频次，选择出现次数最多的属性词来组合标题。

按照上面步骤找到关键词后，把关键词对应的属性抽取出来，如图 4-16 所示，然后应用 COUNTIF 函数进行词频统计，也就是分析这些属性词在我们所挑选出来的关键词中出现的次数有多少，次数越多说明选用这个属性词所带来的叠加效果就越好，所以要从高到低进行排列，然后用这些选出来的属性词进行标题组合就可以了。

（5）标题的组合原则：尽量不要把前期主打的长尾关键词拆分放置。

比如上面的“钱包男长款真皮”作为前期主打长尾词，这个词就不要分开放。最后得出的标题是“新款钱包男长款真皮时尚简约大容量多功能男式钱包手工正品精致”。

如图 4-17 所示，这些标题到底算好还是不好？如果不通过数据分析，我们就无法去辨别。而通过上面五个步骤，我们就可以判断标题的效果。

C2 =COUNTIF(Sheet2!A:A,B2)

	A	B	C
1	属性词	属性词处理	次数/次
2	男士	*男士*	30
3	长款	*长款*	29
4	新款	*新款*	20
5	真皮	*真皮*	21
6	简约	*简约*	19
7	时尚	*时尚*	2
8	折叠	*折叠*	6
9	大	*大*	7
10	青年	*青年*	1
11	容量	*容量*	5
12	牛皮	*牛皮*	5
13	多功能	*多功能*	4
14	手工	*手工*	2
15	男式	*男式*	4
16	正品	*正品*	1
17	精致	*精致*	2
18	高档	*高档*	1

图 4-16

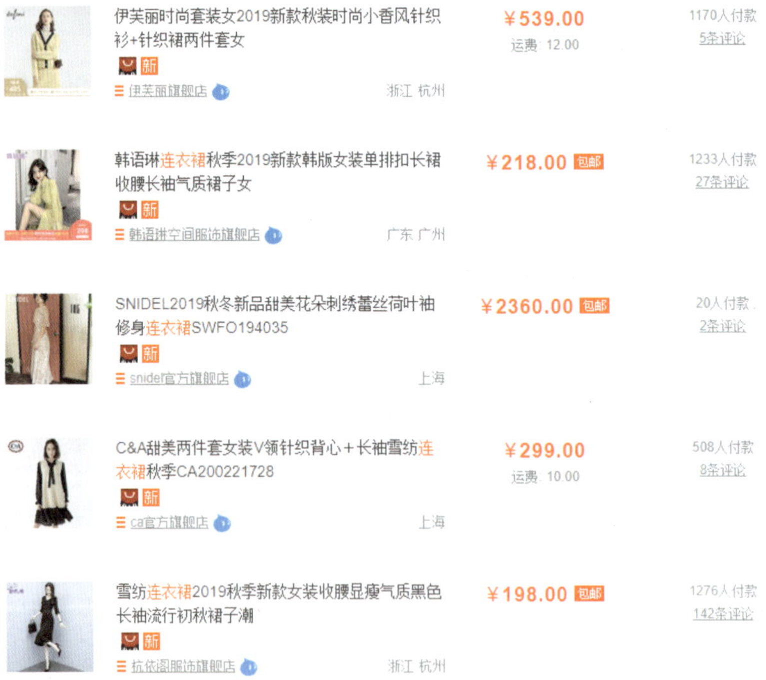

伊芙丽时尚套装女2019新款秋装时尚小香风针织衫+针织裙两件套女
新
伊芙丽旗舰店 浙江 杭州
¥539.00
运费 12.00
1170人付款
5条评论

韩语琳连衣裙秋季2019新款韩版女装单排扣长裙收腰长袖气质裙子女
新
韩语琳空间服饰旗舰店 广东 广州
¥218.00 包邮
1233人付款
27条评论

SNIDEL2019秋冬新品甜美花朵刺绣蕾丝荷叶袖修身连衣裙SWFO194035
新
snidel官方旗舰店 上海
¥2360.00 包邮
20人付款
2条评论

C&A甜美两件套女装V领针织背心＋长袖雪纺连衣裙秋季CA200221728
新
ca官方旗舰店 上海
¥299.00
运费 10.00
508人付款
8条评论

雪纺连衣裙2019秋季新款女装收腰显瘦气质黑色长袖流行初秋裙子潮
新
抗依图服饰旗舰店 浙江 杭州
¥198.00 包邮
1276人付款
142条评论

图 4-17

本节小结

通过上面五个步骤，我们基本上就可以写出一个关联性很强的标题，通过底层长尾词的权重积累，就可以形成权重的持续性叠加，从而获取更多的流量。

本节思考题

随着权重的不断提升，关键词是否需要进行替换呢？如果需要，标题应该如何进行优化才能够获取更多的流量？

第二节
做一张竞争对手跟踪表

本节要点

了解跟踪竞争对手的目的。

掌握竞争对手跟踪表的制作方法。

如图 4-18 所示，店铺在页面中的位置越靠前，能获得的流量就越大，所以页面的前几个位置是商家必争之地，既然有竞争，那就必定有对手，我们在第二章已经讲过如何准确地找到竞争对手，但是仅仅找到对手还不够，我们接下来还要想明白为什么他们可以排名那么靠前，可以获得那么大的流量。只有知己知彼，我们才能够通过制订合适的运营计划超越对手。

图 4-18

一、做竞争对手监控分析的目的

很多运营人员虽然明白关注竞争对手的重要性，却不知道怎样做一张有参考意义的竞争对手跟踪表。

通常情况下，我们在做任何一件事的时候，一定要围绕着自己的目的来进行，而我们制作竞争对手跟踪表的目的主要有两个。

（1）掌握对手店铺是怎么做起来的，让我们有数据可以参考。比如对手店铺的转化率指标是多少、UV 价值有多高等。

（2）跟踪对手近期的数据表现，看其做了什么调整，我们做好应变对策。

比如在市场大盘下滑阶段，竞争对手提高直通车的投放金额以稳住市场地位，我们这个时候就要考虑是跟进还是放弃竞争了。

二、制作竞争对手跟踪表

围绕着上面所说的目的，一张好的竞争对手跟踪表需要涵盖四个部分，如图 4-19 所示。接下来我们针对每个部分详细说明如何获取数据，以及为什么要监控这些信息。

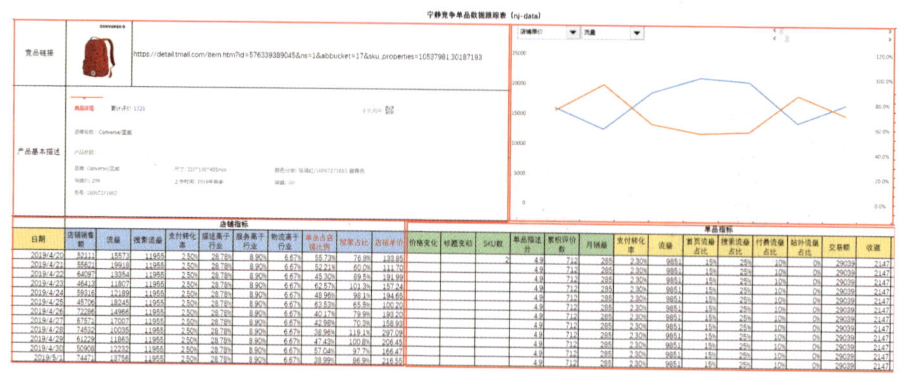

宁静竞争单品数据跟踪表（nj-data）

店铺指标

日期	店铺销售额	流量	搜索流量	支付转化率	描述高于行业	服务高于行业	物流高于行业	单品占店铺比例	搜索占比	店铺单价
2019/4/20	52111	15573	11955	2.50%	28.78%	8.90%	6.67%	55.73%	76.8%	133.85
2019/4/21	55621	19918	11955	2.50%	28.78%	8.90%	6.67%	52.21%	60.0%	111.70
2019/4/22	64097	13354	11955	2.50%	28.78%	8.90%	6.67%	45.30%	89.5%	191.99
2019/4/23	46413	11807	11955	2.50%	28.78%	8.90%	6.67%	62.57%	101.3%	157.24
2019/4/24	59316	12189	11955	2.50%	28.78%	8.90%	6.67%	48.96%	98.1%	194.65
2019/4/25	45706	18245	11955	2.50%	28.78%	8.90%	6.67%	63.53%	65.5%	100.20
2019/4/26	72286	14966	11955	2.50%	28.78%	8.90%	6.67%	40.17%	79.9%	193.20
2019/4/27	67571	17007	11955	2.50%	28.78%	8.90%	6.67%	42.98%	70.3%	158.93
2019/4/28	74532	10035	11955	2.50%	28.78%	8.90%	6.67%	38.96%	119.1%	297.09
2019/4/29	61229	11863	11955	2.50%	28.78%	8.90%	6.67%	47.43%	100.8%	206.45
2019/4/30	50908	12232	11955	2.50%	28.78%	8.90%	6.67%	57.04%	97.7%	166.47
2019/5/1	74471	13756	11955	2.50%	28.78%	8.90%	6.67%	38.99%	86.9%	216.55

单品指标

日期	价格变化	标题变动	SKU数	单品描述分	累积评价数	月销量	支付转化率	流量	首页流量占比	搜索流量占比	付费流量占比	站外流量占比	交易额	收藏
2019/4/20			2	4.9	712	285	2.30%	9851	15%	25%	10%	0%	29039	2147
2019/4/21				4.9	712	285	2.30%	9851	15%	25%	10%	0%	29039	2147
2019/4/22				4.9	712	285	2.30%	9851	15%	25%	10%	0%	29039	2147
2019/4/23				4.9	712	285	2.30%	9851	15%	25%	10%	0%	29039	2147
2019/4/24				4.9	712	285	2.30%	9851	15%	25%	10%	0%	29039	2147
2019/4/25				4.9	712	285	2.30%	9851	15%	25%	10%	0%	29039	2147
2019/4/26				4.9	712	285	2.30%	9851	15%	25%	10%	0%	29039	2147
2019/4/27				4.9	712	285	2.30%	9851	15%	25%	10%	0%	29039	2147
2019/4/28				4.9	712	285	2.30%	9851	15%	25%	10%	0%	29039	2147
2019/4/29				4.9	712	285	2.30%	9851	15%	25%	10%	0%	29039	2147
2019/4/30				4.9	712	285	2.30%	9851	15%	25%	10%	0%	29039	2147
2019/5/1				4.9	712	285	2.30%	9851	15%	25%	10%	0%	29039	2147

图 4-19

1. 第一部分：产品信息收集

产品信息的收集主要是收集对手产品的一些基本属性，如产品图片、材质、上市时间等比较重要的产品描述信息，如图 4-20 所示。而这部分信息的来源主要是淘宝网店中的宝贝描述，如图 4-21 所示。

登记产品信息主要有两个目的。

第一个目的是为了掌握产品的基本属性，也为以后店铺同类属性产品的运营提供历史参考数据。

第二个目的是观察竞争对手会不会修改产品的基本属性，比如会不会把原来的春季款属性改为秋季款，这些记录可以为我们提供历史参考数据。

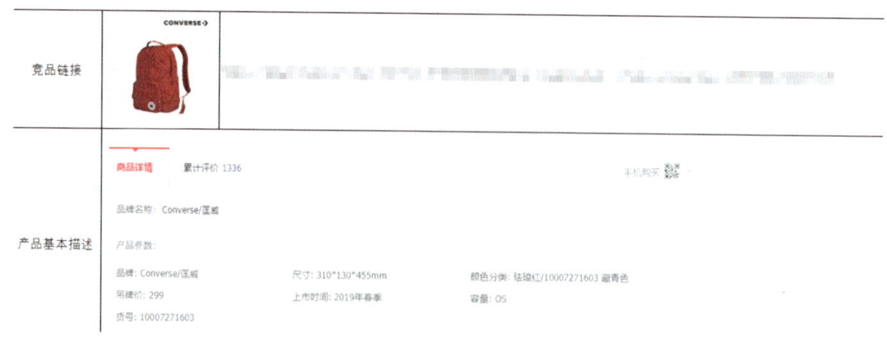

图 4-20

图 4-21

2. 第二部分：店铺基本数据的收集

我们在前面提到过，单品流量的获取与店铺权重和单品权重都有关系。所以我们在制作单品跟踪表的时候，也需要有这款产品对应的店铺的基本数据，如图 4-22 所示。

	店铺指标									
日期	店铺销售额/元	流量/人次	搜索流量/人次	支付转化率	描述高于行业	服务高于行业	物流高于行业	单品占店铺比例	搜索占比	店铺客单价/元
2019/4/20	52111	15573	11955	2.50%	28.78%	8.90%	6.67%	55.73%	76.8%	133.85
2019/4/21	55621	19918	11955	2.50%	28.78%	8.90%	6.67%	52.21%	60.0%	111.70
2019/4/22	64097	13354	11955	2.50%	28.78%	8.90%	6.67%	45.30%	89.5%	191.99
2019/4/23	46413	11807	11955	2.50%	28.78%	8.90%	6.67%	62.57%	101.3%	157.24
2019/4/24	59316	12189	11955	2.50%	28.78%	8.90%	6.67%	48.96%	98.1%	194.65
2019/4/25	45706	18245	11955	2.50%	28.78%	8.90%	6.67%	63.53%	65.5%	100.20
2019/4/26	72286	14966	11955	2.50%	28.78%	8.90%	6.67%	40.17%	79.9%	193.20
2019/4/27	67571	17007	11955	2.50%	28.78%	8.90%	6.67%	42.98%	70.3%	158.93
2019/4/28	74532	10035	11955	2.50%	28.78%	8.90%	6.67%	38.96%	119.1%	297.09
2019/4/29	61229	11863	11955	2.50%	28.78%	8.90%	6.67%	47.43%	100.8%	206.45
2019/4/30	50908	12232	11955	2.50%	28.78%	8.90%	6.67%	57.04%	97.7%	166.47
2019/5/1	74471	13756	11955	2.50%	28.78%	8.90%	6.67%	38.99%	86.9%	216.55

图 4-22

那么为什么要选择这些指标来进行统计分析？下面我们对图中的部分指标进行讲解。

（1）店铺销售额：是为了了解这个店铺的层次，销售额越大的级别自然也越高。

如图 4-23 所示，从生意参谋“竞争—竞店分析”中获取对应的数据，由于这里展示的是指数，所以我们也可以采用一些指数换算工具将其换算为金额。如图 4-24 所示，竞争对手的交易指数 19 192 换算为实际交易金额就是 21 826 元。

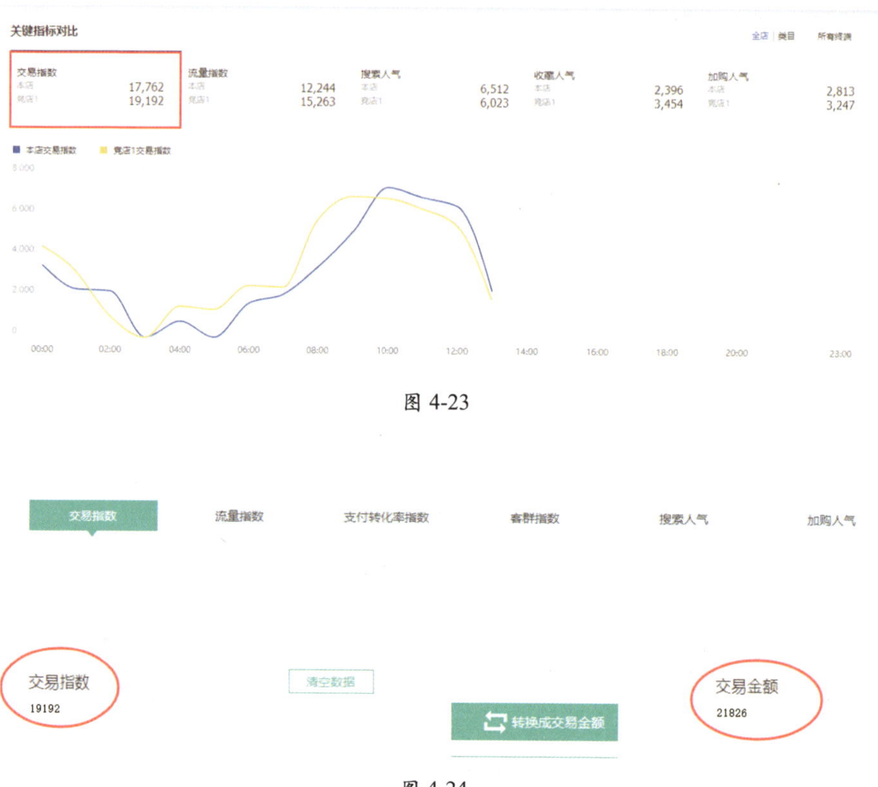

图 4-23

图 4-24

（2）流量和搜索流量：是为了计算出店铺搜索流量占全部流量的比例，以确定店铺流量结构是否以搜索流量为主。

如果店铺搜索流量的占比很低，很有可能这个店铺本身就不是靠搜索流量“起家”的，你要想获得搜索流量，以这种店铺为参照就不太合适。如图 4-25 所示，店铺的主要流量是手淘搜索流量和手淘首页流量，这种流量就是我们所关心的。

入店来源 无线端

流量指数

流量来源	本店 流量指数	流量指数	
淘内免费	9,136	12,181	6,083
手淘搜索	6,342	5,840	3,269
手淘首页	3,296	7,712	1,088
淘内免费其他	3,175	4,629	1,022
手淘微淘	1,928	2,003	448
手淘其他店铺	1,596	1,634	329
手淘问大家	1,160	1,210	196
时尚大咖-全球时尚	1,065	-	171

图 4-25

（3）DSR（卖家服务评级）与行业水平的比较：这一项包括图 4-22 中的“描述高于行业”“服务高于行业”“物流高于行业”三个指标。之所以不直接采用 DSR 指标，是因为我们是为了与行业相比较，而不是看 DSR 指标的绝对值。目前只有天猫店铺才有这方面的数据，如图 4-26 所示，在店铺的首页就可以查看这些数据。

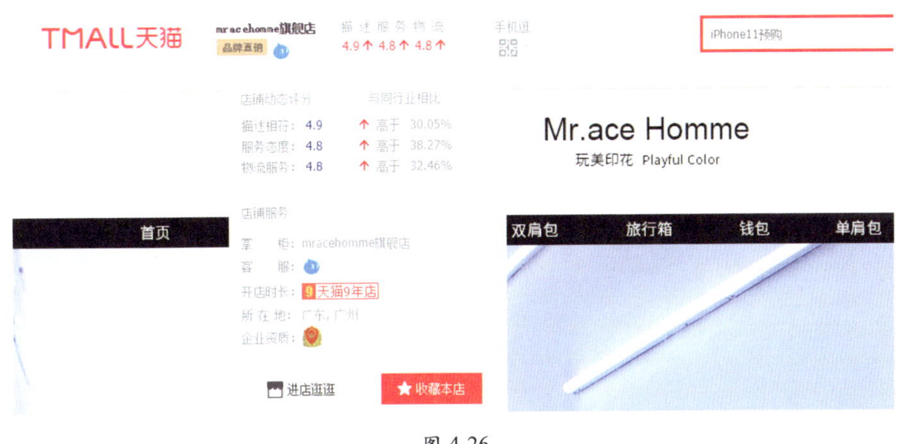

图 4-26

（4）单品销售额占总店铺销售额的比例：即图 4-22 中的“单品占店铺比例”指标，这个指标是为了判断这个店铺是不是“单品爆款”模式。

如图 4-27 所示，这个竞争对手前面几个单品的交易指数是递减的，所以并不算是“单品爆款”式店铺。

图 4-27

（5）店铺客单价：即图 4-22 中的“店铺单价”指标，是为了判断单品的价格是否处于店铺核心价位。

店铺客单价的具体的算法是销售额 / 支付人数，销售额可以通过交易指数得出，而支付人数则通过客群指数得出。竞争对手的客群指数是 1171，换算成支付人数就是 199 人，如图 4-28、图 4-29 所示。那么店铺客单价是 21 826/199 ≈ 110 元。

图 4-28

图 4-29

3．单品展示部分

这里的展示部分，是指无须通过后台，而在淘宝页面上可以直接看到的信息，这些信息对于我们结合单品指标做分析是非常有意义的，比如对手的转化率指标近期突然飙升，可能是因为产品的销量和评价积累到一定程度导致的，也可能是因为标题的改变影响了进店关键词的精准性导致的，这就需要我们结合单品指标进行分析。这一部分内容是很多运营人员收集数据的时候最容易忽视的。

具体需要收集的内容如图 4-30 所示，包括价格变化、标题变动、SKU 数、单品描述分、积累评价数、月销量等，这些数据主要在淘宝单品页面上获取，如图 4-31 所示。

价格变化	标题变动	SKU数	单品描述分	累积评价数/条	月销量/件
		2	4.9	712	285
			4.9	712	285
			4.9	712	285
			4.9	712	285
			4.9	712	285
			4.9	712	285
			4.9	712	285
			4.9	712	285
			4.9	712	285
			4.9	712	285
			4.9	712	285
			4.9	712	285

图 4-30

图 4-31

4. 单品指标部分

关于竞争对手的单品指标，是大家收集数据的时候最关注的，这一部分我们分为三种数据来进行采集，如图 4-32 所示。

第一种是常规的支付转化率、流量、收藏量、加购量、交易额等指标。

第二种是流量的占比，比如首页流量占比、搜索流量占比、付费流量占比、站外流量占比等，这些数据主要是为了分析产品的主要流量结构，比如这款产品的销售主要是通过付费流量还是站外资源拉动的，是以搜索流量为主还是首页流量为主。

第三种指标体现了流量的价值，如 UV 价值、收藏率、加购率、销售同比增长率等，这些指标是需要进行计算的，具体公式可以看随书赠送的表格。

支付转化率	流量/人次	首页流量占比	搜索流量占比	付费流量占比	站外流量占比	交易额/元	收藏量/次	加购量/次	UV价值	收藏率	加购率	销售同比增长率
2.30%	9851	15%	25%	10%	0%	29039	2147	2809	2.95	21.8%	28.5%	
2.30%	9851	15%	25%	10%	0%	29039	2147	2809	2.95	21.8%	28.5%	0.0%
2.30%	9851	15%	25%	10%	0%	29039	2147	2809	2.95	21.8%	28.5%	0.0%
2.30%	9851	15%	25%	10%	0%	29039	2147	2809	2.95	21.8%	28.5%	0.0%
2.30%	9851	15%	25%	10%	0%	29039	2147	2809	2.95	21.8%	28.5%	0.0%
2.30%	9851	15%	25%	10%	0%	29039	2147	2809	2.95	21.8%	28.5%	0.0%
2.30%	9851	15%	25%	10%	0%	29039	2147	2809	2.95	21.8%	28.5%	0.0%
2.30%	9851	15%	25%	10%	0%	29039	2147	2809	2.95	21.8%	28.5%	0.0%
2.30%	9851	15%	25%	10%	0%	29039	2147	2809	2.95	21.8%	28.5%	0.0%
2.30%	9851	15%	25%	10%	0%	29039	2147	2809	2.95	21.8%	28.5%	0.0%
2.30%	9851	15%	25%	10%	0%	29039	2147	2809	2.95	21.8%	28.5%	0.0%
2.30%	9851	15%	25%	10%	0%	29039	2147	2809	2.95	21.8%	28.5%	0.0%

图 4-32

本节小结

以上四种维度的数据信息采集，能够帮助我们完成一张具有数据采集和分析价值的竞争对手跟踪表。最后我们可以通过这张多维度表，对竞争对手的各项指标的走势有清晰地了解，让我们更好地分析竞争对手的动态，从而让自己调整运营策略，获取平台流量，如图 4-33 所示。

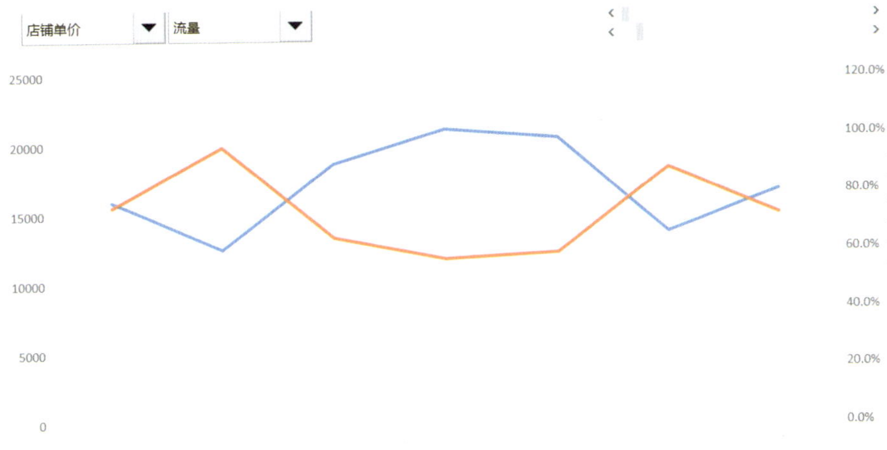

图 4-33

本节思考题

为了让自己更好地观察和分析竞争对手的情况，你觉得还需要什么方面的数据？

第三节
如何分析类目是否适合引入手淘首页流量

本节要点

掌握类目是否适合引入手淘首页流量的分析方法。

一个店铺或产品有很多流量来源渠道，而大部分商家最关心的是如何获取手淘首页流量和搜索流量。近些年，手淘搜索流量逐渐趋向饱和，竞争也越来越激烈，导致流量的获取难度不断加大，并且受到“千人千面”的影响，获取的流量也越来越少，而手淘首页流量增长却非常迅猛。在图4-34所示的例子中，只用了一天，就从约300名访客直接暴涨到3400多名访客，在服装等大类目中，甚至出现了一些一天就有上百万人次的首页流量的单品，所以很多商家都想获得这一类流量。

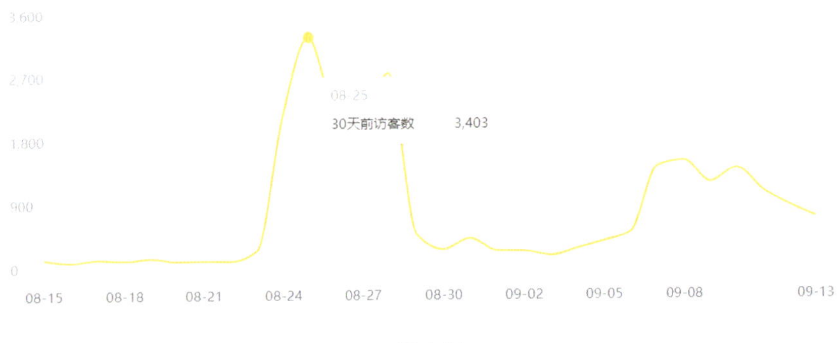

图 4-34

一、手淘首页并非适合所有类目

手淘首页流量如此诱人，但是，它并非适合所有类目。有些类目就只适合搜索流量，有些类目就只适合淘宝客流量、活动流量等。如果运营人员不分析类目状况，一味追求流量，可能最终反而得不偿失。

举个例子，我有个学生是销售男士内衣的，他看到一些销售女装的店铺手淘首页流量增长很快，所以也想获取首页流量，于是通过钻展、直通车去定向占领“猜你喜欢”位置,但是无论是付费的还是免费的,得到的首页流量都很小。

后来他通过数据分析发现，同类目下的优秀对手的手淘首页流量很小，大约只能占总流量的百分之一，大部分流量是直通车和手淘搜索流量，如图 4-35 所示。其实像男士内衣、汽车配件、睡衣等类目，手淘首页流量都很小，这是类目自身属性导致的。这也是为运营人员敲的警钟，任何事情都不要想当然地去做。

流量来源	竞品1 访客数
直通车	21,795
手淘搜索	11,000
淘内免费其他	6,907
品销宝-品牌专区	4,735
我的淘宝	4,474
购物车	3,538
手淘其他店铺商品详情	2,900
超级推荐	1,297
智钻	1,253
手淘微淘	1,237

对比指标 ⊙ 访客数 客群指数 支付转化指数 交易指数

流量来源	竞品1 访客数
手猫搜索	1,068
淘宝客	814
手淘首页	757
手淘问大家	536

图 4-35

二、什么类目适合引入手淘首页流量

到底什么类目适合引入手淘首页流量呢？接下来我将从五个方向进行分析。

（1）生意参谋细分类目下的 TOP 产品的流量来源中，手淘首页流量要在前五名，如图 4-36 所示。

流量来源	访客数	下单买家数	下单转化率
淘内免费	499,680 -4.68%	9,761 -10.70%	1.95% -6.31%
手淘搜索	242,096 +6.93%	2,755 -14.31%	1.14% -19.86%
手淘首页	143,279 -5.47%	846 +3.42%	0.59% +9.41%
淘内免费其他	109,077 -30.17%	5,904 -12.69%	5.41% +25.04%
手淘其他店铺商品详情	61,487 +357.66%	3,616 +449.54%	5.88% +20.08%
手淘微淘	36,087 +9.77%	399 +12.39%	1.11% +2.39%

图 4-36

（2）如果某类目大部分 TOP 产品的手淘首页流量占比高于手淘搜索流量占比，那么这种类目就非常适合引入手淘首页流量。如图 4-37 所示，这个类目的手淘首页流量占比就高于手淘搜索流量。

商品来源	访客数	下单买家数	下单转化率
手淘首页	9,156	7	0.08%
淘内免费其他	9,121	41	0.45%
手淘搜索	4,744	21	0.44%
手淘其他店铺商品详情	2,213	38	1.72%
我的淘宝	1,631	33	2.02%
购物车	1,471	85	5.78%
淘宝客	1,315	15	1.14%
聚划算	716	2	0.28%
手淘微淘	678	4	0.59%
直通车	534	1	0.19%
手猫首页	453	3	0.66%

图 4-37

（3）类目 TOP 产品的手淘首页流量要大，因为首页的流量转化率比较低。如图 4-37 所示，手淘首页流量的转化率只有手淘搜索流量的一半，如果流量量级太小，那基本上也没什么用处，所以一般我们要求 30 天手淘首页流量在 10 万人次以上。

（4）高点击率的类目更容易获得手淘首页流量。全行业都在争夺手淘首页流量，平台需要通过推荐的产品吸引更多没有购买欲望的客户产生购物行为，因此对点击率的要求很高。我们可以通过直通车关键词点击率来做判断。如图 4-38 所示，行李箱的点击率就要比面膜高出很多。

图 4-38

（5）人群划分比较明确的类目，更容易获得手淘首页流量。手淘首页流量是通过人群标签来进行匹配的，所以你的产品如果是针对特定人群的，那么被推荐到手淘首页的机会就更大。但是这一点我们很难根据现有的数据做分析，所以一般我们会主观性地去判断。比如外衣，每个人对外衣风格的喜好不同，所以人群划分很明显，而像内衣裤的对应人群就很分散，人群特性划分就没那么明显了，所以就不太适合引入手淘首页流量。

本节小结

判断自己的类目是否适合引入手淘首页流量，对于接下去的运营工作有着非常重要的指导作用。这五个方面不一定要同时满足，但如果能灵活运用就能帮助我们判断类目能否获取足够大的首页流量。

本节思考题

针对你自己的类目，按照刚才讲的五个方向进行分析，判断你的类目是否适合引入手淘首页流量。

第四节 获取手淘首页流量的过程

本节要点

了解平台重视手淘首页流量的本质。

掌握人群与产品之间“打标”的四个步骤。

近几年，淘宝的变化可以用翻天覆地来形容，其中最核心的变化是，淘宝的核心流量从以前的搜索流量逐步转变为个性化推荐流量。如图 4-39 所示，手淘首页流量是非常可观的，所以上一节我们重点讲述了怎么判断自己类目是否适合引入首页流量，本节我们就讲解获取手淘首页流量的具体过程。

流量来源	访客数
淘内免费	763,706 +130.84%
手淘首页	417,657 +318.02%
手淘搜索	219,889 +57.29%
淘内免费其他	74,708 +39.13%

图 4-39

一、平台为何越来越重视手淘首页流量

为什么淘宝会越来越注重个性化推荐流量呢？最主要的原因是平台的流量瓶颈导致了业绩增长受限，平台需要在固定流量的基础上满足消费者更多的消费需求，这样能带动业绩的增长。而通过大数据跟踪每个客户的行为，进行个性化推荐，可以带来两方面的效果。

1．激发消费者的潜在需求

在以前搜索流量为主的时候，靠的是消费者主动搜索自己想要的产品，而现在平台会通过手淘首页推荐展示一些新的产品，优质的产品会激发消费者新的购物需求，所以"猜你喜欢"等位置更喜欢推荐一些新的产品或点击率高的产品，勾起消费者的兴趣。

2．加速提升转化率

个性化推荐会根据消费者的行为轨迹推荐更合适的产品，从而缩短了消费者选购的时间，提高了转化率。比如你搜索了某种产品或者关注了某种产品，平台就会给你推荐与之相关的产品。

如图 4-40 所示，客户搜索飞利浦剃须刀后，在首页"猜你喜欢"位置就会展示各种剃须刀，这可以提升购买转化率。同时又会展示一些相关的产品，比如修鼻毛的剪刀，这能起到激发客户潜在需求的作用。

图 4-40

二、如何才能获得手淘首页推荐流量

目前淘宝的个性化推荐渠道有首页“猜你喜欢”、收藏夹、购物车、订单列表、“确认收货”入口等。其中最重要的流量入口就是“猜你喜欢”，那我们如何才能够获得手淘首页推荐流量呢？

简单来说，“打标”的过程就是让具有入围资格的优质产品和对应的人群产生关联的过程，让系统知道什么产品适合什么人群。要想理解这句话，我们先要思考两个问题。

1．什么产品具有入围的资格

对于这个问题我们可以通过五个维度进行判断。

1）单品 DSR（卖家服务评级）、退款率、纠纷率是否优秀

产品本身的质量、评价等是产品能否入围的一个关键因素，如果产品本身存在问题，那么你卖得越多对客户的伤害也就越大。如图 4-41 所示，我们可以在生意参谋的“服务—单品服务分析”里面看到这些数据。

图 4-41

2）产品是不是市场上比较少的新品、应季产品

我们在上面提到过，手淘首页推荐是为了激发客户新的需求，如果产品是旧款或者非应季产品，那消费者自然也不会感兴趣。

3）产品属性填写是否明确齐全

产品标签就像身份特征一样，如果不明确，那这个产品的形象就很模糊，平台自然也很难判断适合什么人群。如图 4-42 所示，平台后台发布宝贝过程中的可填属性尽量填写完整。

若发布时遇到属性、属性值不能满足您提交商品的需求，请点击属性问题反馈申请

属性	值	属性	值
* 上市时间:	2019年春季	图案:	动物图案
* 大小:	迷你	有无夹层:	有
销售渠道类型:	纯电商(只在线上销售)	箱包硬度:	软
* 性别:	女	是否可折叠:	否
* 质地:	PU	适用场景:	休闲
* 材质工艺:	印花	风格:	日韩
提拎部件类型:	软把	形状:	竖款方形
闭合方式:	拉链	里料材质:	涤纶

图 4-42

4）产品关键词搜索表现是否优秀

之所以要关注这一点，是因为搜索人群是购买欲望很明确的人群，如果搜索流量表现好，说明你的产品很合适这类人群，自然也容易被推荐。

5）定价是否位于市场的热销价格带中

手淘首页推荐的目的是激发客户的新需求，把没有明确购买意图的潜在客户转化为实际消费者，自然就不允许首页变成低价竞争的区域，但是价格太高又会限制购买的群体，所以价格太高和太低都无法让平台利益最大化。图 4-43 所示为热销价格带。

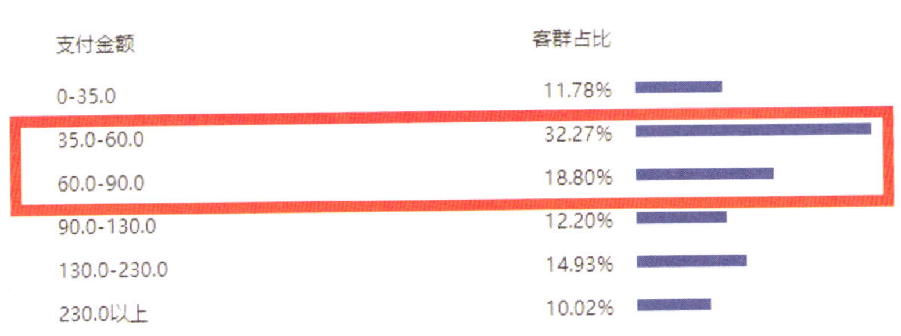

图 4-43

2. 人群与产品之间的关联

我们把人群按照与产品之间的关系分为三种。

（1）强关系人群：这类客户搜索、点击、浏览、收藏、购买、回购过产品，还把产品加入过购物车。

（2）中等关系人群：这类客户浏览、收藏过产品，或者把产品加入过购物车。

（3）弱关系人群：这类客户只是点击过产品。

你的产品与客户关系越强，就越容易获得推荐，从而获得越多的流量。

3. 人群与产品之间“打标”的四个步骤

（1）先确定好你的产品最适合什么目标人群（店铺老客户更好，毕竟他们对店铺产品有过真实的购买行为）。

（2）找几个核心关键词（关键词背后的主要人群跟我们需要的吻合），如果搜索不到还可以利用直通车、淘口令或微淘，目的就是让目标人群有接触产品的入口，这个时候要特别注意点击率。

（3）浏览销量大、人气旺的竞争产品，与自己的产品对比。可以适当收藏或将其加入购物车，以便于对比。

（4）浏览手淘首页，看一下自己和竞争产品有没有被“打标”，如果被“打标”了就找到自己产品下单购买（让标签人群跟我们的产品形成强关系）。

本节小结

通过本节的学习我们可以更清楚个性化推荐流量的本质和过程。获取首页流量最关键的是产品优质和人群精准。如果你的产品本身、产品标签和详情页都是优质的，那么你的精准客户自然就会很多，后续的转化率也就越好，流量也就越稳定。

本节思考题

如果你的手淘首页流量一直涨不起来，你会从哪些维度去思考和解决问题呢？

第五节 店铺层级的上升与流量的获取

↘ 本节要点

了解店铺层级对流量提升的意义。

了解层级突破的四个要注意的问题。

如图 4-44 所示，说起店铺层级，有很多运营人员一直搞不明白一个问题：到底是流量增长带动了层级上升，还是因为层级上升带动了流量增长，店铺层级对于“撬动”流量到底有什么帮助？搞清楚这个问题，对我们制定运营策略会有很大的帮助。

图 4-44

一、案例：层级突破带来的影响

我服务过的一家公司，店铺到了第五层级的顶端后，销售额一直上不去。于是我让他们加大付费推广力度，把层级提升上去，以获取更大的流量。层级上去三天后，流量并没有多少提升，所以他们就想把费用调回去。在这种情况下，我让他们坚持提高推广费用一周，到了第二周，流量就开始上涨了，到了第 14 天，付费占比随着流量的增长基本上回到了原来的水平。

从这个案例中我们看到，层级的提升对于流量的增长实际上是有作用的，只是这个作用不是立竿见影的，而是需要一定时间才能体现出来的。如图 4-45 和图 4-46 所示，我们来观察一下层级和流量的变化：2018 年 8 月—9 月份，店铺处于第六层级，但是由于季节的影响，市场需求变弱；到了 10 月份，已经跌回第五层级；业绩在 11 月、12 月保持稳定，但是因为店铺下跌了一个层级，流量依然保持着快速下滑的趋势，而行业整体的流量在这期间实际上相对稳定，如图 4-47 所示。所以我们可以看到，层级一旦下滑，也会导致流量大幅下滑。

到了 2019 年的 2 月份，店铺开始回到第六层级，支付金额在 2 月份后处于下滑阶段，但是至少依然保持在第六层级水平，所以我们可以看到，即使业绩下滑，流量依然能够保持在一个相对稳定的水平上。

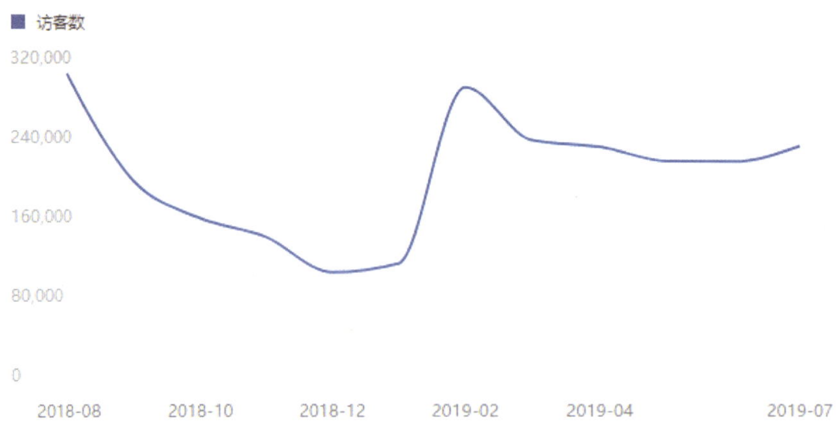

图 4-45

图 4-46

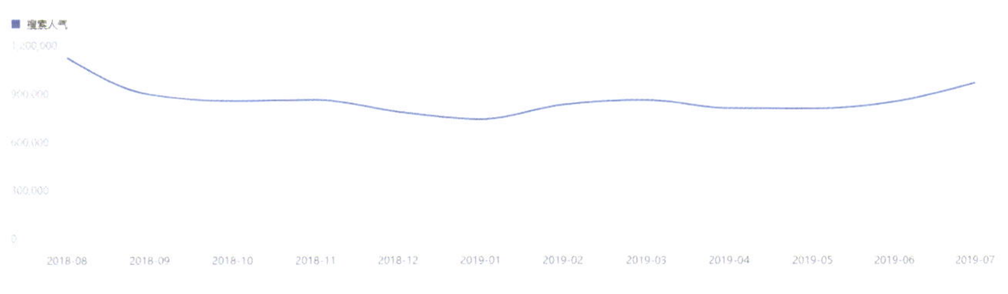

图 4-47

二、店铺层级为何会影响流量增长

店铺层级到底怎么影响流量，从而带来业绩增长呢？我们可以从三个方面来回答。

1. 层级与流量规模是相匹配的

如果流量的分配与层级无关，比如第六层级的店铺只能得到到第三层级的流量待遇，那么店铺就不会维持在高层级。但是我们可以看到，店铺层级基本上是相对稳定的。而且店铺层级越高，相匹配的流量入口就一定会越多，所以进入更高层级会带来更大的流量增长幅度。

2. 层级代表着信任等级

层级越高代表着店铺越值得信任，那么平台给店铺分配的流量自然也越多。

3. 层级代表着店铺综合运营能力

层级越高，越需要店铺有更强的全店综合运营能力。尤其是大的类目，单独一款产品支撑不起高层级的店铺，而高层级店铺要比低层级店铺更能利用好流量。

通过这三点可以看出，更高的层级意味着更强的店铺实力、更高的信任等级，当然也意味着更多的流量。

三、关于层级突破要注意的四个问题

1. 刚进入新的层级时效果不会马上显示出来

在本节的案例中我们也能看出，若只在高层级上维持三天就降级，流量增长就没有效果。一个店铺能稳定在某个层级，才说明它有与这个层级相匹配的实力，对于新升上去的店铺需要用时间来测试，不然那些通过活动一下子"冲"进高层次的店铺就占了很大的便宜，这是平台不愿意看到的。

2. 依靠单品爆款的店铺层级提升意义不大

如果店铺只是依靠单品爆款提升了层级，那么层级的突破对店铺带来的收益就没那么大。

3. 在店铺很接近下一个层级时，可以通过付费推广快速提升层级

如图 4-48 所示，我们可以通过生意参谋首页的"同行同层优秀"功能来判断我们与下一个层级的差距，当我们在优秀行列的时候，就要考虑突破自己的层级了。

图 4-48

4．层级越高越要注重多产品布局

一般来说，到了第五层级以上时，如果想要稳定在一个层级上，单纯依靠一个爆款就无法支撑了（个别类目除外）。要想稳定住或者继续突破，就必须考虑店铺的多产品布局。

本节小结

店铺层级提升与流量增长是相辅相成、相互验证的过程，层级越高，对于店铺新品的流量提升作用也会越大，所以在制订运营计划时，也要把层级的因素考虑进去。这就好比线下市场中的市场占有率，有时候为了争取市场占有率，即使前期亏损也在所不惜。当然这不是让大家亏损，具体做法还要根据实际情况来定。

本节思考题

通过站外引流使店铺业绩增长，提升层级，这种层级突破对于店铺搜索流量的提升是否有帮助呢？

第六节 显性坑产与隐性坑产共同促进流量增长

↘ 本节要点

了解显性坑产与隐性坑产的定义。

掌握隐性坑产的五个维度。

我接触过的一个天猫店铺中有一款主推产品，搜索流量比行业优秀的竞争对手低了一半左右，而且一直增长不起来，我们通过数据分析发现，这款产品的转化率水平是 9.74%，客单价是 69 元，算下来平均每单位流量带来的价值是 6.7 元，而行业优秀的竞争对手的每单位流量价值只有 6.25 元，正常情况下，流量应该给我们的产品分配更多才对，因为我们的产品对平台的贡献更大，价值更高。

上面我们提到的单位流量所产生的价值就是我们经常说的 UV 价值，又称单位坑产。平台能够给予商家的就是流量，所以对于平台而言，如果想达到利益最大化，那么自然希望分配出去的流量能够实现最大的 UV 价值。既然如此，为何案例中 UV 价值高的产品的流量反而比 UV 价值低的少呢?

在回答 UV 价值对流量分配有多大影响这个问题之前，我们需要先来回答三个问题。

1. 对产品有需求的人群规模有多大

比如会买 A 产品的只有 1000 人，会买 B 产品的有 10 000 人，那即使 A 产品 UV 价值高，平台也无法给它更多的流量，而人群需求的大小主要看产品的属性和价格，我们在前面也讲述了产品的属性和价格对获取流量的影响。

2. 产品本身的潜力如何

有些产品前期表现很好，获得了一定的流量，因为产品本身潜力不大，流量大了就不精准，导致转化率等指标下滑。在这种情况下，就不是平台不给流量，而是产品自身不行，流量会慢慢回落到能够保持高转化率的水平。产品的流量若在市场上升期出现快速回落然后逐渐保持在一定的水平，就可能是发生了这种情况。

3. 市场是否处于下滑趋势

市场进入下滑阶段，由于流量早已经分配完毕，平台看重的是商家总体的贡献价值，不再是单纯的 UV 价值，在这种情况下，产品 UV 价值高但是总量少时，对获取流量的帮助也并不大。

如果排除了上面说的三个方面的影响，就需要从 UV 价值的角度来进一步分析。

案例中本店产品 UV 价值为 6.7 元，对手产品 UV 价值为 6.25 元，从销售贡献角度来看，本店产品比对手产品贡献大。但是我们发现，由于本店产品本身的质量问题，导致了客户对于商家出现了不满的情绪，从而影响了成交额，假如因此损失了 0.7 元，那么本店产品的 UV 价值实际上就只是 6 元。而对手店铺除了单个产品的 UV 价值 6.25 元以外，由于关联销售做得好，能带来更高的收益，假设新增价值是 1 元，那实际上其 UV 价值就是 7.25 元。因此，虽然 UV 价值是直接的价值，但是从平台角度上来看，除了直接的 UV 价值外还有很多隐性价值，而这部分产出由于不能直观地看到，可以称为隐性坑产。

提到坑产，我们再来详细了解坑产的划分，这样我们就可以真正解决上面案例中所遇到的问题。坑产主要有两种分类形式。

（1）根据产出的单位效率划分：单位坑产，总坑产。

单位坑产是指转化率 × 客单价，也就是我们所说的 UV 价值。

而总坑产是指该坑位的曝光量 × 点击率 × 转化率 × 客单价。

平台给予的流量实际上是指曝光量，而不是我们通常所说的 UV，所以影响平台流量价值的不仅仅是转化率和客单价，还有非常关键的点击率。

（2）根据产出的时效性划分：显性坑产，隐性坑产。

显性坑产是指直接的销售额产出，同样属于 UV 价值。

隐性坑产是指不能体现在 UV 价值中的，由回购、点击、退款、连带销售、DSR 等带来的产出。

隐性坑产主要可以从五个维度来分析。

第一个维度：主图点击率。

显性坑产反映的是单位流量的产出能力，但是平台只能给每个坑位做展示，而不能直接让客户去点击，所以对于总坑产价值来说，主图点击率是所有隐性因素之中最大影响因素。

第二个维度：退款率。

退款率高的产品，一是削弱了最终的流量贡献，另外也影响了客户的购买体验。

第三个维度：回购率。

回购率越高的店铺和产品，越容易获得流量，因为它们可以提高平台流量的后续价值。

第四个维度：产品评分。

产品质量是影响客户满意度、口碑及二次回购率的关键性因素，产品评分低则代表获取的流量的增值空间小，甚至损害了客户的利益。如图 4-49 所示，产品的“描述相符”指标最近半年在 4.9 以上，并且近 30 天的“纠纷退款率”为 0，从产品评分角度来说是优秀的。

图 4-49

第五个维度：单品流量的连带能力。

运营人员往往有一个认识上的误区，认为引进流量的产品的自身转化能力才是关键，但是如果 A 产品引进来的客户没有购买 A 产品，而是购买了同店铺的 B 产品，也同样会产生流量价值，所以我们也要特别注重进店流量的“内循环”。如图 4-50 所示，A 产品引入到其他产品的流量是很多的，但是带来的转化效果相对比较弱。

图 4-50

再来看开始的案例。我们在排除掉产品潜力不足的原因后，继续分析这个店铺的显性坑产价值，发现产品的季节性和定价都没问题，而问题就出在上面重点讲的隐性坑产方面。

通过影响隐性坑产的五个维度的分析，最终发现问题出在了第一个维度——主图点击率上。我们通过换算可知，主图点击率仅有0.6%左右，如图4-51所示。最终需要不断优化主图，提高主图点击率，流量才能逐步增长上去。

单价/元	69
自然曝光转化金额/元	356, 491. 75
手淘搜索平均转化率	9. 74%
直通车推动自然搜索曝光量/次	8782479
估算搜索主图点击率	0. 60%

图 4-51

本节小结

坑产价值是影响流量获取的关键因素，却不是唯一因素。一个产品所处的市场、自身的潜能、客户的需求量等都会影响流量的获取，当这些情况都相同的时候，若UV价值比别人高流量却比别人少，那就要注意隐性坑产的问题。

本节思考题

在运营过程中遇到流量瓶颈的时候，你会从哪几个大的方面逐步思考和排查问题呢？

第五章

优化内环流量价值，提升店铺权重

第一节 从进店到客服沟通环节的流量价值提升

↘ 本节要点

了解客服对销售的意义。

掌握对客户的引导方式。

在前面的章节中，我们所讲到的流量获取都是指店铺或者产品从平台或平台之外引进流量，绝大多数运营人员对于流量的理解也仅仅停留于这个环节。然而忽略了对进店之后流量的路径规划，也就错过了提升流量的价值的关键一环。这个问题更多地涉及我们在上一章讲到的隐性坑产，简单来说就是如何让单位流量产生的持续性价值更高。从本节开始我们将进入新的板块，即怎么提升引入的流量的价值，让进入店铺的客户贡献更多的销售额。我们从客服咨询环节切入，先来看一个案例。

我一个朋友的店铺遇到了一个问题，就是流量进来了转化率却比较低，转化率在 1.97% 附近波动，与竞争对手的转化率相比并不理想。朋友店铺的支付转化率指数是 116，如图 5-1 所示。而对手店铺的支付转化率指数基本都在 250 上下，如图 5-2 所示。而且受限于品牌，朋友店铺在产品和价格方面暂时无法做大的改动，于是朋友咨询我该从哪里下手优化。

交易增长幅度	支付转化率指数
↓2.19%	116

图 5-1

支付子订单数	交易增长幅度	支付转化率指数	操作
2,380	↑73.15%	249	查看详情 同款货源
1,577	↑47.48%	277	查看详情 同款货源
1,107	↑10.90%	239	查看详情 同款货源
1,046	↑18.71%	249	查看详情 同款货源
1,037	↑45.98%	274	查看详情 同款货源
834	↑31.34%	266	查看详情 同款货源

图 5-2

了解了他的基本情况之后，我确定不是外部流量获取的问题，而是流量转化率的问题。要提升转化率，努力的方向有很多，比如产品、价格、销量、评价、视觉等都是日常的优化方向。而前面提到了，该店铺的产品和价格不能有大的变动，所以可以逐步优化销量、评价、视觉等方面。转化率的提升实际上就是把引进来的流量价值提升上去，因此我就向另一个方向思考。如图 5-3 所示，我们都知道咨询转化率（也称为询盘 - 成交转化率）要远远高于静默转化率，如果我把进来的客户引导到客服（即客户服务人员）那一端，通过客服的销售能力，是否会提升全店转化率呢？

旺旺咨询人数/人	询盘-成交转化率	静默转化率
2158	18.07%	1.46%
1882	16.68%	1.33%
1548	16.99%	1.14%
3570	7.06%	1.22%

图 5-3

针对这个问题，我们要拆解成两个过程来思考。

第一，把客户转移到客服端是否有用？

第二，如何把客户转移到客服端？

接下来我们针对这两个问题进行分析。

一、把进店客户引导到客服端，转化率真能够提高吗

会主动咨询的客户往往购买欲望也强，转化率高也是很自然的，我们要确定这个转化率是不是与客服能力有关系，可以用三个方面的数据来做判定。

1. 客服之间的能力是否有差距

如果客服之间的询单转化成功率差异比较大，那就说明客户转化受客服的影响是比较大的。如图 5-4 所示，小妙和小君的询单转化成功率差大约 8%，差距还是比较明显的。如果小妙的询单转化成功率有 41.01%，那么在 2800 人咨询的前提下，成交就要比原来多出约 223 笔，按照客单价 100 元来算，就可以多产出 22 300 元的交易额了。

旺旺	咨询人数	接待人数	询单转化成功率 延
燕子	528	516	37.76%
晓星	1387	1364	33.27%
小香	2987	2963	36.48%
小欣	2629	2604	34.85%
小妙	2800	2774	33.06%
小君	3758	3723	41.01%
乐言	258	255	44.90%
汇总	14347	14199	
均值	2049.57	2028.43	36.31%

图 5-4

2. 咨询后未下单和下单后未付款客户的跟进是否有效果

合理引导客户进行咨询可以增加对客户的“接触路径”，在客户进店后未下单或者下单后未付款时，我们可以采用营销的形式来跟进，促进客户的最终成交，从而提升流量价值，而没有咨询的静默客户走了后就没有相关数据可以挖掘价值了。如图 5-5 所示，通过“催付”回来的客户就有 209 人，催付成功率约为 25%。

催付订单数	当日付款人数	当日付款订单数	当日付款金额	催付当日付款成功占比
224	59	59	¥6,720.62	27.70%
99	24	24	¥2,715.29	25.00%
212	51	51	¥5,904.96	24.88%
137	26	26	¥3,144.80	20.80%
201	49	50	¥4,944.68	26.34%
0	0	0	¥0.00	0.00%
873	209	210	¥23,430.35	
145.5	34.83	35	¥3,905.06	25.33%

图 5-5

3. 咨询客服后的成交客单价比静默成交是否有提升

如果通过客服的引导促进了客户购买多件产品从而提高了客单价，那么同样也提升了客户价值。通过客服端的客件数(客户人均支付件数)约为1.2件(见图5-6)，而店铺整体人均支付件数则是1.08件（见图5-7）。

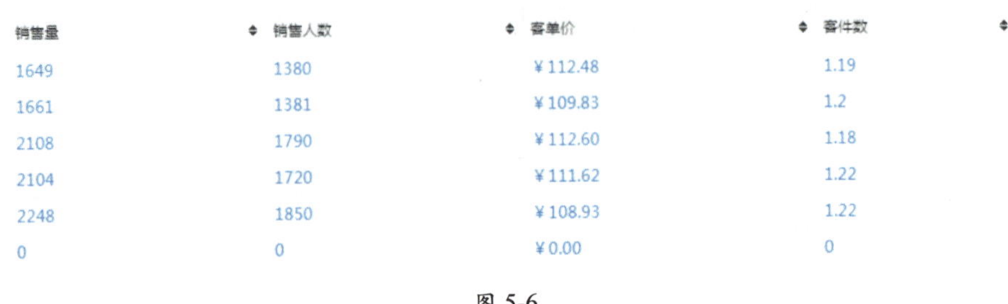

销售量	销售人数	客单价	客件数
1649	1380	¥112.48	1.19
1661	1381	¥109.83	1.2
2108	1790	¥112.60	1.18
2104	1720	¥111.62	1.22
2248	1850	¥108.93	1.22
0	0	¥0.00	0

图 5-6

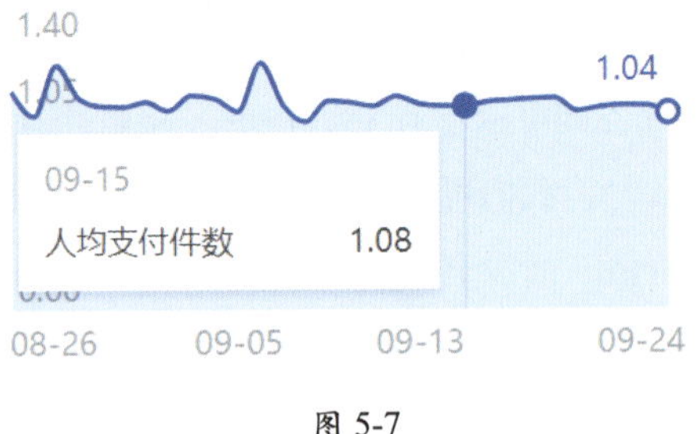

图 5-7

根据上面三个方面的数据，我们发现这个店铺最好的客服比最差的客服询单转化率成功高出约8%，而通过对未下单和下单后未付款客户的跟踪促进了约25%的成交，询盘客单价也比静默客单价有所提升。所以从数据表现来看，把流量引导到客服端是有意义的。

二、如何把客户引导到客服端咨询

既然客服有没有价值的问题搞清楚了，接下来我们要考虑的问题就是客户为什么要去咨询客服。一般情况下，我们可以从以下四个方面来思考促进客户咨询的方法。

1．咨询客服可以得到一定的好处

客户不会无缘无故地让自己在你的店铺中浪费时间，所以可以给他们一定的利益进行激励，比如联系客服可以领取优惠券、享受顺丰包邮特权、抽奖等。

2．有些事情需要咨询客服才能确定

比如在仓库备货充分的时候,可以告知客户“如需紧急发货,请联系客服”。正常情况下一些客户即使不急，也会想联系客服让店铺更快地发货，这也让一些还在犹豫的客户感受到我们的真诚。这个时候客服的话术也非常重要：“亲，鉴于您的情况，我会通知仓库那边给您按照一级紧急状况提前安排发货！”这样可以让他们感受到我们对他们的重视。

3．页面信息表达不够详细

如果能否开发票、是否掉毛等一些客户比较关注的问题没放在页面上，就可以提高客户咨询客服的可能性。但关于这个方面要慎重，因为客户可能看不到自己想知道的信息就直接不购买了。要想采用这种方法，最终要看整体的转化率是否随着咨询的增加而有所提升。

4．客服不是普通的销售员，而是这方面的专家

这样是最有意义的，但对于客服能力的提升要求也最高。客服要成为指导客户选购的专家，比如女装店铺的客服，要懂得根据客户的身高、体重、肤色等推荐合适的衣服。而事实上很多商家都避开了这种推荐，往往在客户问这个问题时就让客户自己去选择，以避免客户不满意而退货，这实际上就是在逃避责任，是不专业的体现。

通过以上四个方面，我们就可以找到适合自己的促进客户咨询的方法，当然具体的方案要通过不断的测试来验证。最后我们要强调的是，客服的作用是无法替代的，但是客服的主要工作不在于解答一些基础性问题，这种问题直接通过详情页去传达即可，客服更重要的是引导客户，与客户建立感情。

和我们的客服直接打交道，会影响客户对我们的整体印象。通过沟通，可以让客户更好地了解我们店铺的形象和价值观。

为什么直播会那么受平台推崇？就是因为它能实现上面提到的两个过程：引导客户和建立人情关系，这样才有了意见领袖和粉丝经济。

所以对于通过提高客服咨询率而提升流量价值，我们要牢记以下四步。

第一步：设立联系客服咨询的机制。

第二步：打造生动的客服形象。

第三步：定期主动关怀客户。

第四步：建立健全的 VIP 会员制度。

本节小结

客户服务是企业面向客户的窗口，不仅能提升店铺业绩，同时也能加强客户对店铺的感知，对影响客户后续的购买选择也有非常重要的意义，因此店铺运营人员一定要重视对客服的培训和对客户的引导。

本节思考题

在运营过程中，你用了什么方法来促进客户咨询客服呢？

第二节
“退货反击战”带动店铺老客户流量

本节要点

了解退货处理对店铺的意义。

掌握对于客户退货的处理方式。

可能有人会问，为什么你会想到通过对退货的处理来打动客户的心，从而获得后续的口碑流量？其实我也是因为一篇文章中的案例而引发了思考。

在那篇文章里面有一位商家，由于他的产品出现了一些小瑕疵，导致了大批量的退款，退货率最高的时候达到了65%，店铺基本上就要“崩盘”了。有趣的是，这位商家做了一个举措，就是主动承认错误。同时，对于申请退款的客户，先给客户退款，再让客户退货，对于那些购买了产品但没有退货的客户主动打电话联系，并且承诺，如果退货的客户还想购买，可以享受八折优惠。有了这样的处理方式，店铺不仅“活”了下来，而且收获了一批长期的忠实客户。

这个例子给我留下了深刻的印象，也让我体会到，只有真诚才能留住人心。

一、每一次退货背后的原因都不能轻视

随着平台的不断完善，退货情况已经越来越寻常，退货率不断上升，尤其是服装行业，很多人都会选择多买几件来试穿，如图5-8所示，某女装店铺的

退款率为 17.36%，而同行业的均值则为 21.12%。虽然从数据上来看，该店铺退款率比行业均值低，但是我们不要简单地认为退货就是正常的。既然客户选择了买你的产品，那就说明她是对店铺产品有期望的，而期望一旦落空，那么自然而然就会对店铺产生不满情绪。而要想让客户对我们店铺产生良好印象，以便于让客户后续还会选择我们的产品，那退货环节的处理就非常关键了。如图 5-9 所示，退款率在持续增长，作为运营人员要更加重视。对于每一个商家和运营人员来说，通过“退货反击战”来留住人心已经变得越来越重要。

图 5-8

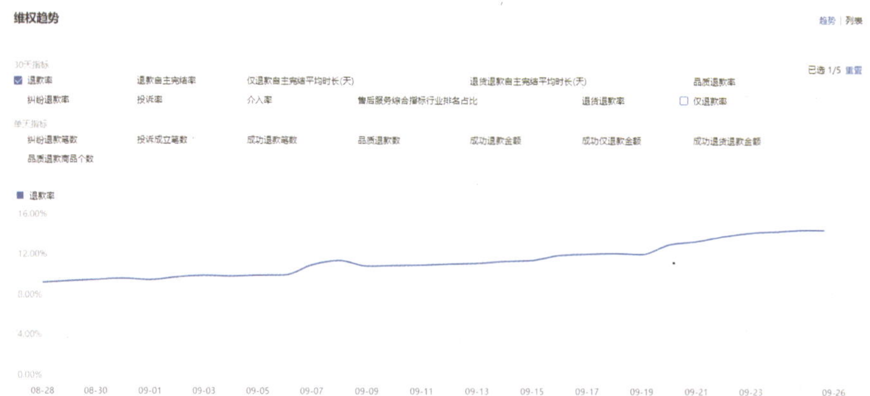

图 5-9

二、退货过程中客户关心的问题

在退货的过程中，买家更多是从自身角度去思考问题，所以我们可以从三个方面解析客户所关心的问题，并且认真对待和处理，这样才能够更好地获得客户的青睐。

1．退货沟通的态度

客户在购买过程中退货，显然是对产品有不满意之处，情绪上自然也会产生落差，售后人员的每一句不恰当的话都可能被“放大”，从而加重客户不满的情绪，所以客服在退货过程中的话术，更多地要偏向于安抚客户，重视客户的退货需求，不要犹豫不决而导致客户认为我们在推卸责任。

我们来看两段话术。

对于新客户我们可以这样说：鉴于您对购买的衣服不满意，我们感到十分抱歉，我们马上给您办理退货手续。另外为了表示歉意，请您参与我们的抽奖活动，一等奖可以免费任选一件产品。

对于老客户我们可以这样说：鉴于您是我们的老客户，小店对您的诚信也非常认可，所以我们先给您进行退款处理，您再把货品寄回来。如果您暂时还没有找到适合自己的产品，我可以把您介绍给我们公司的形象设计师，让他来给您做推荐。

以上两段话大家可以根据自身的情况来进行调整，通过话术来打消客户疑虑，增加其对我们的好感。

2．退货的处理速度

有些时候，由于退货处理流程较复杂，再加上卖家要收到货验收之后才给予退款，导致时间会比较长。退款速度的快慢，对于不在乎的客户而言可能也没有什么，但是如果客户十分看重退款情况，退款速度慢一些也许会引起不必要的争论，所以我们一方面要优化与客户的沟通方法，另外一方面也要提升我们的退款处理速度。如图 5-10 所示，店铺的“退货退款自主完结平均时长(天)”是 2.82 天，低于行业平均值。另外如果我们想与竞争店铺的退款时间进行对比，就可以打开对手的店铺页面查看这个数据，如图 5-11 所示。

图 5-10

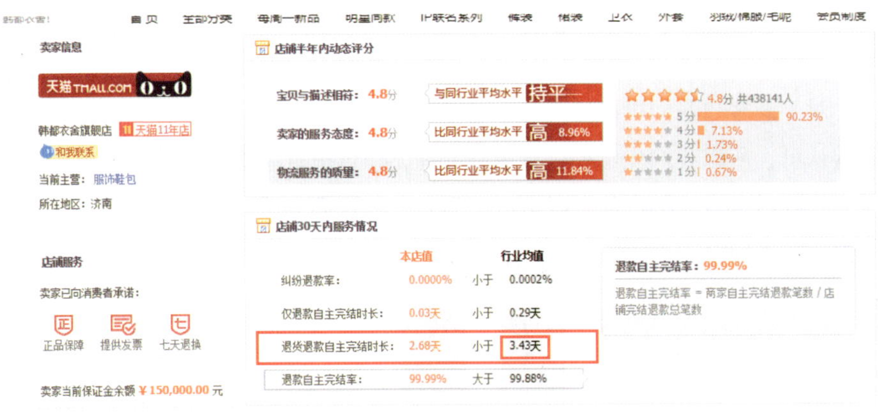

图 5-11

3. 退货流程的复杂程度

退货流程一般比较复杂，更多地取决于平台本身的流程设置。对于客户而言，很多时候并不十分了解平台的规则，往往容易造成操作上的困惑。幸运的是，随着平台的完善，退货的操作流程也变得越来越简单，而且对于客户来说，大多数情况下退货的成本也在逐步降低，这也造成了退货率越来越高。如图 5-12~5-14 所示，客户通过几次点击就可以轻松地申请退货退款了。

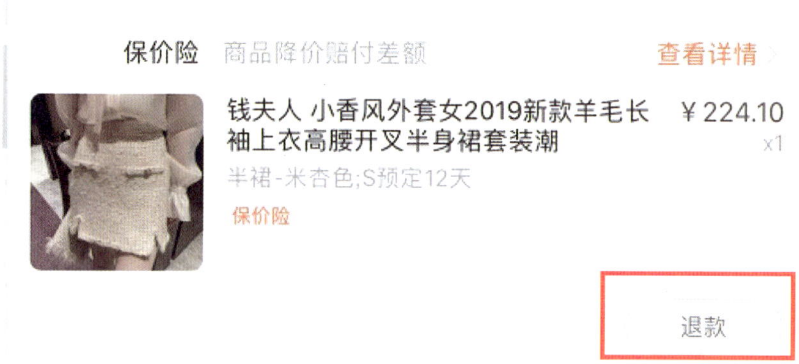

保价险 商品降价赔付差额 查看详情

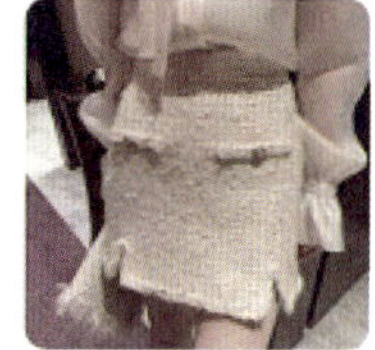

钱夫人 小香风外套女2019新款羊毛长袖上衣高腰开叉半身裙套装潮 ¥224.10
x1
半裙-米杏色;S预定12天
保价险

退款

图 5-12

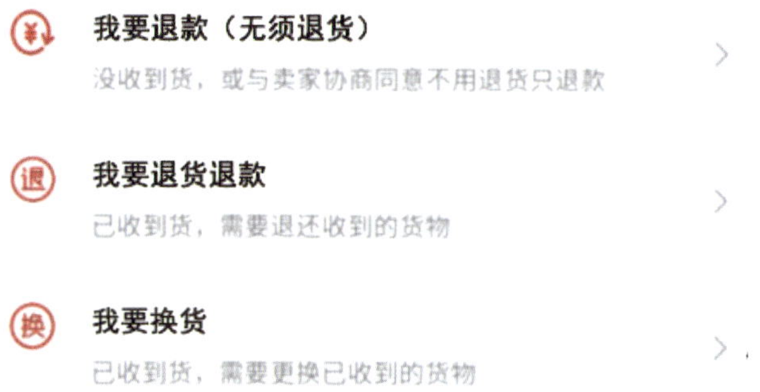

我要退款（无须退货）
没收到货，或与卖家协商同意不用退货只退款

我要退货退款
已收到货，需要退还收到的货物

我要换货
已收到货，需要更换已收到的货物

图 5-13

图 5-14

三、退货过程中商家关心的问题

退货对于卖家来说问题只有一个，那就是成本问题。对于不同情况的处理方式也不同，而相应的成本也不一样，所以我们虽然知道怎么做才对客户最好，但是我们却不得不考虑成本的合理性，来寻找一种使两者达到平衡的处理方式。接下来我们要通过四个数据维度来确定该采取什么处理方式。

1. 退货率

退货率越高的店铺或者行业，越要采用让客户满意的退货处理方式，同时一定要通过客服与客户的沟通真正掌握客户退货的原因，尽可能减少让客户不满意的因素。在图 5-15 中我们可以看到退货的理由，一般情况下，“7 天无理由退换货”是最经常出现的理由，这对我们分析实际问题意义不大，所以一定要通过客服去掌握更多的退货信息。

维权概况　维权分析　　箱包皮具/...> 女士包袋

退款原因　　全部订单状态　全部退款类型　列表 | 视图

退款原因	纠纷退款笔数	退款自主完结率	退款完结时长	成功退款金额	(占比)	成功退款笔数	(占比)
7天无理由退换货	0	100.00%	2.51	4,426.36	44.44%	71	45.51%
拍错/多拍	0	100.00%	0.02	3,441.15	34.55%	49	31.41%
我不想要了	0	100.00%	0.06	1,222.85	12.28%	22	14.10%
没用/少用优惠	0	100.00%	0.06	500.50	5.02%	8	5.13%
地址/电话信息填写错误	0	100.00%	0.00	242.06	2.41%	4	2.56%
不喜欢/不想要	0	100.00%	0.82	79.00	0.79%	1	0.64%
我不想要了	0	100.00%	2.31	49.01	0.49%	1	0.64%

图 5-15

2. 产品成本

有些产品的成本很低，比如一件产品的成本为 10 元，而来回运费就已经超过这个费用了，那么可以直接把产品送给客户。而产品成本高的，则可以用其他补偿方式来增加客户的好感，比如给予购买其他产品的优惠券。

3. 先退款再退货的违约比例

这里说的违约就是客户收到退款后却不退货，假如提前退款了 1000 笔，只有一个客户违约，不把货退回来，那么这个违约比例就是千分之一。

违约比例如果很低，那先退款再退货这种处理方式就可以长期进行，如果客户违约比例高的话那就要慎用。当然除了这个比例还要看产品的成本，如果产品是很贵重的，自然也不适合采用先退款再退货的方式。

4. 退款后再回购的比例

这里说的回购比例往往需要做比较长时间的统计，比如把过去半年或者一年中有过退款记录的客户做一下统计，看看这些客户后来是否有购买记录，这样就可以计算出退款后再回购的比例。把处理退货的成本和退货后再回购的利润进行比较，最终评判我们的处理是否带来了正面的效果。

本节小结

不要把客户当成傻子，没有真正做好产品，没有真正为客户付出，最终吃亏的还是我们自己。

本节思考题

你在运营过程中是否真正重视过退货问题？你在退货处理过程中用什么方法与客户建立良好的关系？

第三节
用从外到内的流量闭环设计促进转化

本节要点

了解客户流失情况的分类。

掌握降低客户流失率的方法。

对于大多数商家而言，主要从两个角度关注流量，一个是流量的获取，一个是流量的转化。奇怪的是，大部分商家很少关注流量是怎么流失的。

我一直喜欢研究那些蹭热点的产品，曾经特别关注过刘德华演唱会，当时抖音被刘德华身穿牛仔服的画面刷屏，而且逐渐出现了很多模仿秀，所以当时我特意去观察了一家销售牛仔服的店铺，他们店铺有一款牛仔连体裤，日访客突然增加了 1000 多人。我们也可以从市场数据中找到流量暴涨的原因，如图 5-16 所示，关键词的搜索指数突然暴涨（方框中部分），但是该店铺当时的转化率却很差。在分析了跳失数据后我发现，一部分流量流失到另外一家店铺中去了，而这个店铺卖刘德华演唱会同款连体裤，赚了 10 万元。于是他当时就找了一款基本相似的产品放到店铺中做了产品推荐，之后的两三天中，转化率就从 1.2% 上升到了 1.7%。虽然这个热点持续了很短时间就恢复正常了，但是这个案例也告诉了我们，要时刻关注客户的流动方向，做好运营调整工作。

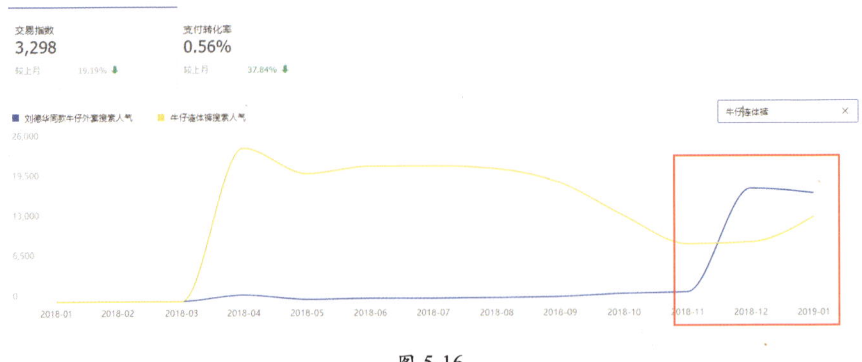

图 5-16

一、客户流失情况分类

1. 老客户的流失

老客户指的是已经购买过本店产品的客户，由于商家长期没有主动“唤醒”他们而导致了他们的流失。以牙刷类目为例，假如牙刷的使用寿命是 1 个月，1 盒牙刷有 3 只，那么购买这种牙刷产品的客户，应该每 3 个月就要回购一次，如果客户超过 3 个月没有回购，那么这位客户就有流失的可能。

2. 进店客户的流失

比如店铺中引进了 100 个访客，转化率 3%，那就是说有 97 个访客流失了。如果我们能够减少客户流失，其实就是提高了转化率。另外，我们还可以通过进店客户进店后的行为进一步分类，比如收藏过产品的客户的流失，这种客户购买欲望很强，流失了就是店铺的损失。

3. 未进店客户的流失

未进店客户是指还没与本店铺产生关系，却通过搜索寻找相关产品的客户。可能因为我们的店铺在竞争环境中没有凸显出优势，所以无法吸引客户进店。关于这一点，我们在下面的搜索流失分析部分会讲到。

二、降低客户流失率的方法

关于客户的流失问题，无非是因为客户在本店无法得到他们想要的结果，所以我们要搞清楚他们要什么。而这个答案可以在我们的对手店铺中寻找——客户为什么要买他们的？

1. 客户流失到了哪里，为什么会流失到那里

在上面的案例中，我们跟踪流量的流向发现了问题。关于客户流失后的动向，我们可以在生意参谋的“竞争情报—竞品识别—顾客流失竞品推荐”中进行查看，如图 5-17 所示，我们通过数据可以看到，该款产品的流失金额约为 11 万元，流失的客户很多去了胡子鸡仔这个店铺，胡子鸡仔的流失人气（即从本店流向该店的人气指数）约为不莱玫旗舰店的 2 倍，但是流失客户的主要成交对象却是不莱玫旗舰店，所以不莱玫旗舰店值得我们多关注。另外我们也可以通过搜索流失竞品推荐，观察搜索流量的流动和竞争情况，如图 5-18 所示，搜索竞争商品数有 468 个，而优秀竞品的平均“搜索引导访客数”比我们店铺该产品高出近 7 倍，而抢夺我们流量的店铺主要是 forevercultivate 旗舰店，其主要原因在于，该店铺在模仿我们的产品，并且价格比我们低一半，直接夺取了我们很多中低价格带的客户群体，而这也引发了我们开一个中低价格带店铺去抢回这部分流量的决定。

顾客流失竞品推荐　　搜索流失竞品推荐

排名	商品名称	流失金额	流失人数	流失率	引起流失的商品数	引起流失的店铺数	操作
1	双肩包女纯色百搭高中学生书包韩版ins风大容量...	113,300.30	1,601	0.45%	1,011	131	趋势 顾客流失详情

排名	商品名称	所属店铺	流失指数	流失人气	交易指数	流量指数	操作
1	不莱玫2019新款书包男旅行背包韩版高中时尚潮流...	不莱玫旗舰店	10,448	484	96,863	66,137	竞品分析
2	ins日系原宿街头机能工装双肩包男港风复古旅行背...	胡子鸡仔	9,066	876	141,620	90,236	趋势分析
3	poy双肩包女潮牌大容量ins风书包高中大学生上...	poy旗舰店	7,294	484	93,328	54,579	趋势分析
4	2019时尚书包女ins风韩版ulzzang高中大学生背包...	gucen旗舰店	7,181	509	242,246	116,554	竞品分析

图 5-17

搜索流失竞品推荐　　所有终端 | PC端 | 无线端

对比指标　⊙ 搜索引导访客数　搜索引导加购人数　搜索引导支付买家数　搜索引导支付转化率

排名	商品名称	搜索竞争商品数	本店商品搜索引导访客数	竞品平均搜索引导访客数	操作
1	Mr.ace Homme双肩包女时尚高中学生书包韩版逛…	468	6,541	51,734	趋势 搜索竞争详情^

排名	商品名称	所属店铺	搜索竞争指数	搜索人气	搜索收藏指数	搜索加购指数	搜索交易指数	操作
1	Forever cultivate印花双肩包女韩版学院风小清新…	forevercultivate旗舰店	1	31,865	6,030	9,244	45,326	趋势分析
2	Forever cultivate印花双肩包女韩版 休闲背包校…	forevercultivate旗舰店	1	41,859	7,141	11,397	53,889	趋势分析
3	Bansusu大容量简约背包韩版时尚双肩包学生少女…	阪元瘤瘤旗舰店	1	14,729	2,335	3,869	15,367	趋势分析
4	Forever cultivate双肩包女2019新款学院风初中…	forevercultivate旗舰店	1	42,172	7,984	12,370	55,604	趋势分析
5	阪元瘤瘤印花防水双肩包女韩版书包中学生女男大…	阪元瘤瘤旗舰店	1	26,851	4,130	6,617	36,480	趋势分析

图 5-18

对于这里的数据，有两点需要我们注意。

第一，如果客户流失后的去向大部分为某个店铺，我们就要注意，可能是这个店铺定向夺取了我们的客户，那么相应的产品和价格，以及他们的营销手段就很值得我们关注了。

第二，由于客户流失涉及的产品比较多，我们需要对多个产品的相关数据进行总结，并从产品价格、产品品牌、产品特征和产品主打卖点四个维度来做分析。

2. 增加客户在本店铺的停留时间和浏览产品数量

客户停留得越久，看得越多，就越有可能购买。我们可以关注跳失率、人均浏览量、平均停留时长，以及产品的连带率这四个指标的变化趋势。图 5-19 所示为跳失率、人均浏览量和平均停留时长。

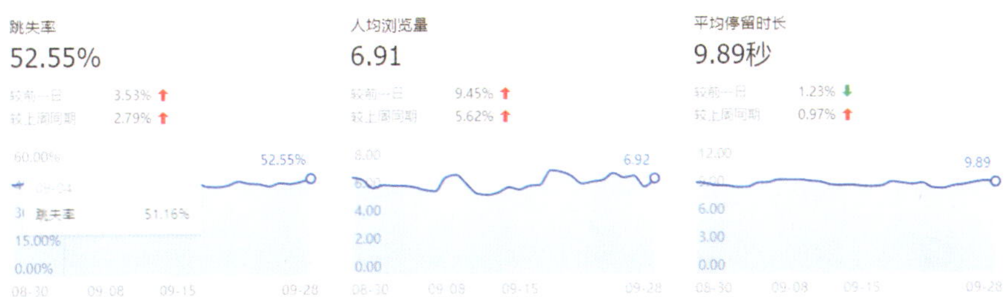

图 5-19

要优化这些指标，我们可以从以下三个角度去操作。

（1）从产品到产品的链接。要做关联推荐的产品，可以从价格带、相似款和搭配款角度进行选择。

如图 5-20 所示，我们可以在产品详情页面看到关联推荐的一些产品。

图 5-20

（2）从产品到页面的链接。可以在海报中突出产品卖点，将客户引导到主题页面中进行多产品展示，如图 5-21 所示。

图 5-21

（3）从页面到页面的链接。通过首页将客户引导至更多分类页面中，如图 5-22 和图 5-23 所示，这是引导客户做细分选择的过程。

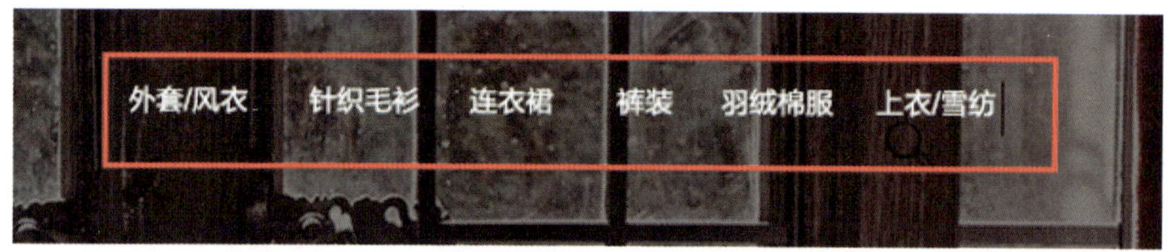

图 5-22

图 5-23

本节小结

在一个店铺中，要尽可能让流量“内循环”才能够挖掘出流量的价值，而要了解你的客户动向，就要重点关注导致客户流失的竞争对手，对其进行数据分析，及时调整自己的运营方向，让客户能够在你的店铺中找到适合自己的产品或服务。

本节思考题

你们在运营过程中是如何挽回流失客户的？

第四节
用会员制度带动老客户回购

本节要点

了解会员制度对店铺管理的好处。

掌握设计会员体系的四种机制。

在上一节中，我们提到了老客户的流失，接下来我们讲述如何通过设计会员体系来挽回老客户。

每一个购买过我们产品的客户都是我们的“资产”，如果能够通过会员制度来提升客户的回购频次，即使在前面获取客户的过程中是亏损的，那么这些“战略性亏损”也有其价值。比如我们经常说做直通车是亏损的，一件产品售价 100 元，本来利润是 50 元，但是需要投入 60 元直通车费用才会产生 1 个订单，也就是每单要亏损 10 元。这里我们先不考虑直通车对增加免费流量是否有帮助的问题，如果要保证不亏损，就需要直通车带来的每 5 个客户中，至少有 1 个要在未来重复购买产品，也就是说客户回购率为 20%。

一、老客户回购带来的好处

能让老客户不断地回来购买，至少可以带给店铺三个方面的好处。

（1）有利于强化店铺人群标签。

（2）有利于提升隐性坑产权重。

（3）有利于稳定提升店铺业绩。

虽然老客户回购带来的好处很多，但是要让购买过的客户重新回来购买却不容易。我们在前面已经讲过，产品才是影响客户回购的最主要因素，产品本身不好，就很难让客户再次购买。当然，产品好不代表我们就可以放任不管，等待客户主动回来购买，我们可以用良好的会员体系来带动回头客。

二、设计会员体系的四个主要机制

1．会员活动机制

这个机制的设定目的就是吸引老客户定期回来购买。会员活动的规划就像设定闹钟一样，确定好到了什么时间要做什么，比如固定每周一“上新”，这样客户一到周二就知道店铺中有新款产品可以选择购买，如图 5-24 所示。

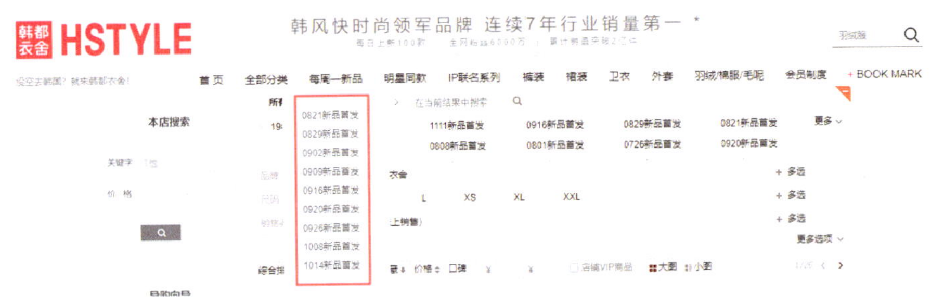

图 5-24

我们可以针对会员设立一些会员日来吸引老客户回购，比如会员折扣日、会员月度生日会、产品上新日等。

还可以设立会员主题日，关于主题日，如果可以针对会员规划出一年的安排就更好了。比如针对牙龈有问题的人，我们可以按照这样的思路设立主题日：

第一季度推荐消炎牙膏，第二季度推荐洁白牙膏等。

为了更好地吸引会员回来，我们不一定采用叫他们来买东西的方式，也可以设定一些游戏环节。比如开展会员抽奖活动，让会员回来抽奖，抽取新品优惠券，即使这个时候他们没有购物需求，但是也可能不想浪费优惠券，而去看看有没有喜欢的产品。

2. 会员基础等级划分机制

会员基础等级划分机制是为会员分级，根据分级赋予相应权益的机制。比如会员等级分为至尊 VIP 会员、VIP 会员、高级会员、普通会员、店铺会员等，如图 5-25 所示。普通会员只要一年中购买一定金额的产品就可以升级为至尊 VIP 会员，不同的会员可以享受不同的优惠，包括优先发货、退货等。图 5-26 所示为不同等级的会员能够得到的权益。

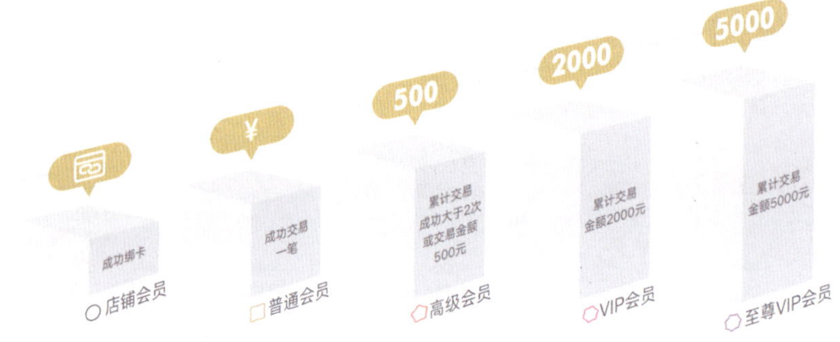

图 5-25

会员权益	店铺会员	普通会员	高级会员	VIP会员	至尊VIP会员
会员升级	成功绑卡	交易成功一笔	交易成功满2次 或交易金额≥500元	或交易金额≥2000元	或交易金额≥5000元
会员日			每月16日		
会员专享价	✓	✓	✓	✓	✓
积分兑换	✓	✓	✓	✓	✓
交易送积分		消费1元=1积分	消费1元=1.1积分	消费1元=1.2积分	消费1元=1.3积分
每日兑换优惠券/商品			✓	✓	✓
评价+买家秀奖励			评价+收藏店铺参与抽奖		
生日礼包		20元无门槛	300-50满减券	300-100满减券	300-150满减券
活动先知			✓	✓	✓
试穿资格				✓	✓
黄金客服				✓	✓

图 5-26

3．积分兑换机制

这个机制可以补充会员等级机制的不足，比如上面设定的最高等级至尊VIP 会员，客户只需消费 5000 元就可以达到这一级别，而另一位客户消费了 10 000 元也只能享受同等待遇，对后者来说，就缺少了对应的激励措施。所以我们可以设定积分兑换机制，让客户通过积分来兑换更多的权益，比如用积分兑换抽奖次数、用积分兑换旅游机会，等等。如图 5-27 所示，这个店铺的积分可以兑换衣服、大额券等，在一定程度上当钱使用。

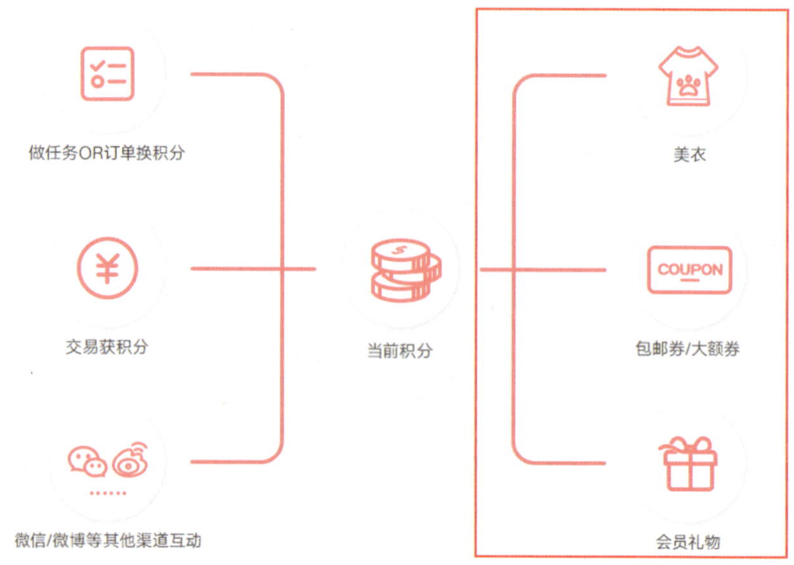

图 5-27

4. 会员引荐机制

会员引荐机制，也可以理解为口碑推荐营销，让老客户引荐新客户，在流量成本越来越高的今天显得尤为重要。

如前面案例所说，一件产品的成本本来是 50 元，但是购买流量还需要花 60 元，如果我们直接通过会员的引荐获取流量，就可以省下这笔费用。对于利润比较高的店铺，只要有会员引荐来新客户，就可以向该会员赠送礼物或店铺产品等，激发客户引荐的积极性。

本节小结

通过以上四个机制的设计，就可以搭建起一个有吸引力的会员体系。有一点要注意，会员体系搭建好之后，不能简单地把会员介绍放在页面的角落里，而是要通知到位，让客户真正知道我们对他们的重视。比如客服在与客户沟通的时候，给他们发一份会员体系表，甚至在快递包裹上也可以放上这些内容。只有大家知道了会员体系是真正对他们有好处的，他们才会愿意参与。

本节思考题

参考上面四个会员机制，结合你们公司的产品特征、利润等因素来设计一份属于你们自己的会员体系。

第五节 老客户分层管理带来的价值提升

↘ 本节要点

了解老客户分层管理的作用。

掌握利用数据做老客户分层管理的方法。

上一节我们讲了会员体系的搭建，会员体系是为了让会员享受到该有的权益，从而让他们觉得来我们店铺会得到尊重，但是这个体系更多地是被动式等待老客户回来购买，在接下来的部分，我们将侧重于通过老客户管理营销的方式进行主动“出击”。要想做精准的老客户营销，我们就要根据数据进行客户归类，知道不同的客户在什么时候需要什么产品，我们根据客户的价值设置好相应的营销策略，才能够把钱花在刀刃上，实现更优的投入产出比。如图 5-28 所示，2539.25 元的投入带来了 266 301.18 元的产出，投入产出比为 1 ：104.87，这是个十分优秀的数字。本节我们将先来讲述如何进行客户分类管理。

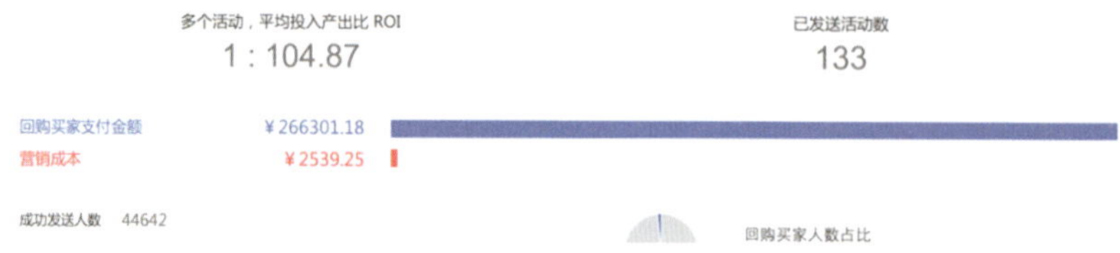

图 5-28

一、老客户分层管理的作用

1. 把资源分配给更有价值的客户

比如我们只有 1000 元服务费，会把这笔服务费用于哪部分客户呢？是贡献占 50% 的客户还是占 5% 的客户？显然要用于为店铺贡献大的客户。

2. 区分化服务

如果不管会员贡献价值而直接给予一样的服务，不但增加了服务成本，而且对于高价值客户来说也体现不出的他们的不同。

3. 避免过度营销推送

比如对“双 11”前刚刚购买过产品的客户，在“双 11”活动中又给他们做了大量营销推送，对于回购周期比较长的品类而言，这种推送并无多大意义，并且过多的推送容易造成客户不耐烦。

二、老客户分层的维度

1. 回购的周期

比如某客户平均回购周期是 3 个月，而该客户距离上一次购买已经超过 3 个月了却还没有回购，这个客户就可能已经流失了。

如图 5-29 所示，从该店铺的回购周期来看，该店铺的产品使用周期较长，回购周期在 24 个月以上的在所有回购的老客户中还有占 10% 的比例。从数据上看，主要的老客户回购周期为 6 个月—18 个月，如果发现老客户距离上一次购买的时间在这个范围内，就要注意做老客户的“唤醒”。

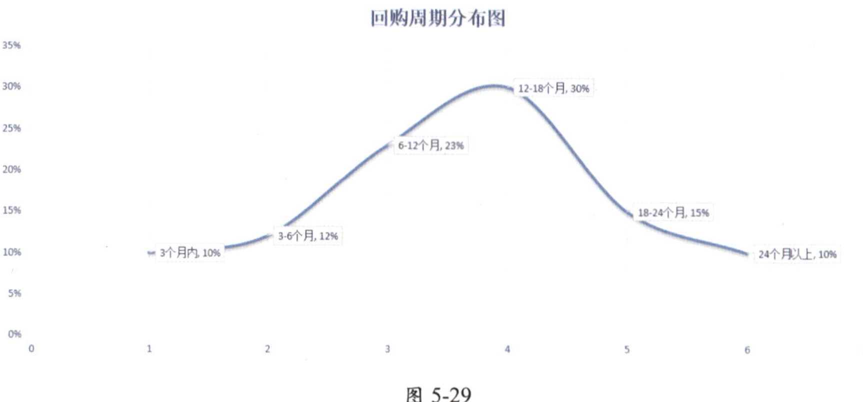

图 5-29

2. 消费的频次

消费频次代表了客户对店铺的忠诚度。图 5-30 所示为最近一年内客户的消费次数，我们可以看到，一年内购买两次的客户占了所有回购客户的 92%，两次以上的就很少了。我们在前面也提到了，该店铺的产品回购周期比较长久，所以不能只通过推荐销售的方式来和客户沟通，而要保持与客户的联系，让他们记住店铺，这样在做推销的时候才不会让他们感觉很唐突。

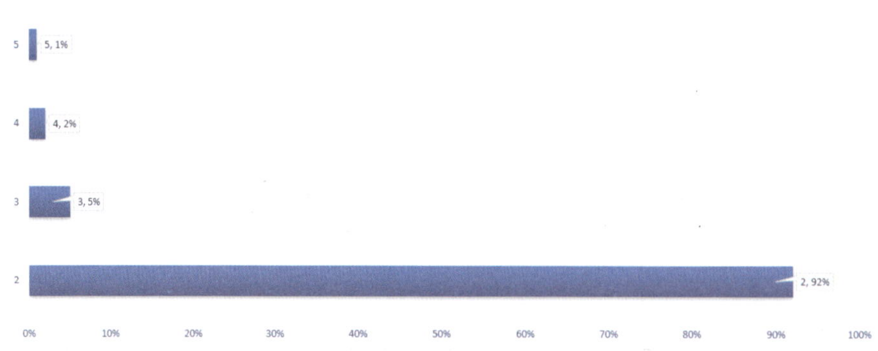

图 5-30

3. 消费的金额

这个维度主要考虑了客户的贡献，贡献金额越高的客户，消费能力也越强，比如同样是消费三次的客户，一个贡献了1000元，一个贡献了200元，那么贡献200元的那个客户可能更注重价格因素的影响，而其客户价值自然也没有贡献1000元的高。

如图5-31所示，店铺会员消费金额都比较低，这和老客户回购频率低有很大的关系，消费金额为300—500元的人数占62%。这种产品的价格不算高，客户购买频率又低，店铺需要拓展新的品类来满足同一类人群的需求，才能够更好地从老客户管理中获得更多价值。

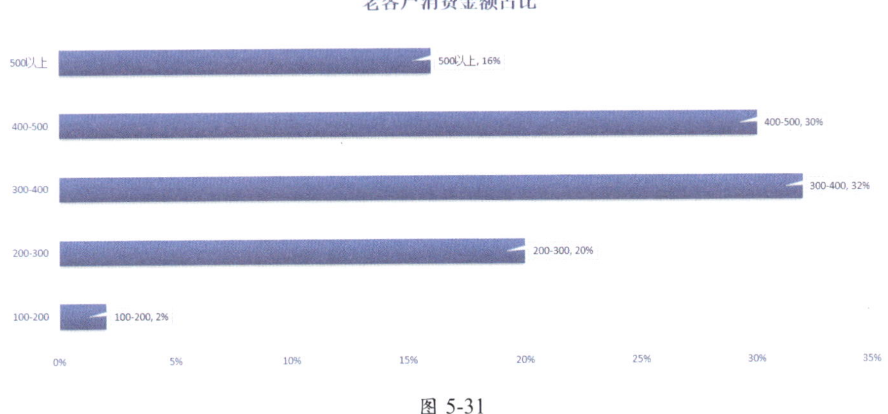

图 5-31

三、四种重要的客户

从上面三个维度，我们可以把客户进行分类，其中下面四类客户是需要重点维护的对象，如图5-32所示。

1. 重要价值客户

这类客户最近消费时间近，消费频率和消费金额都很高，需要我们进行重点维护。

2. 重点保持客户

这类客户最近消费时间较远，甚至超过了正常的购买周期，但消费频率和消费金额都很高，说明这是一些已经有很长时间没来的忠诚客户，我们需要主动和他们保持联系。

3. 重点发展客户

这类客户最近消费时间较近，消费金额较高，但消费频率不高，对店铺的忠诚度不高，但属于很有潜力的客户，必须重点发展。

4. 重点挽留客户

这类客户最近消费时间较远，消费频率不高，但消费金额很高，可能是将要流失或者已经流失的客户，应当采取挽留措施。

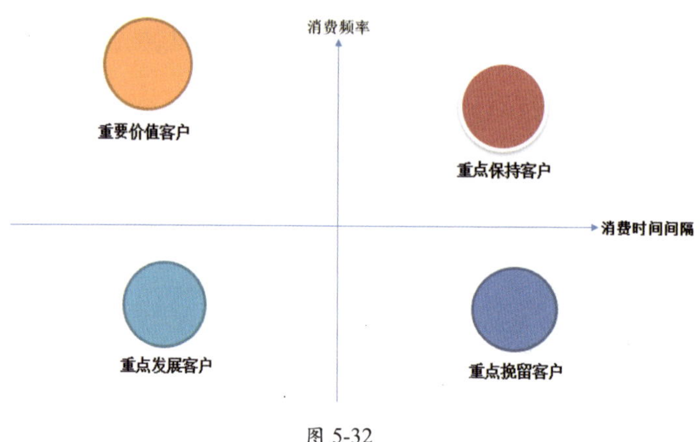

图 5-32

本节小结

本节主要讲解了如何对老客户进行合理分类，主要是根据客户价值和客户的消费周期决定是否要去“激活”客户，在什么时候进行“激活”，用多大的力度去“激活”。本节讲的分类属于大的分类，若要做进一步细分，则可以根据客户的行为等进行划分，比如喜欢参加活动的客户、喜欢新产品的客户等，做好客户分类是营销成功的关键一步，只有针对合适的人做合适的营销，才能够起到最佳的效果。

本节思考题

当一个类目的回购率低，回购周期长的时候，这种类目还需要做老客户维护吗？

第六节 减少店铺老客户流失的三个步骤

↘ 本节要点

掌握减少老客户流失的三个步骤。

上一节中我们重点讲述了客户分层管理的三个维度：回购的周期、消费的频次和消费的金额。本节我们来讲一下，做好客户分层之后，在老客户消费周期的四个阶段应该采取什么样的策略，以实现老客户管理的两大目的：降低老客户的流失率，提升老客户的贡献价值。

我们先来看一个经典案例。

美国一家百货公司向一名年仅 17 岁的高中女孩推送了孕妇产品优惠信息，然后被其家长起诉，但是一个月之后，女孩父亲就向该公司进行道歉，因为女孩确实怀孕了，只是对父母隐瞒了信息。原来该百货公司采用了一套客户分析系统，对客户的所有购买记录进行了分析。系统发现女孩在他们公司买过某类产品，因此判断该女孩进入了怀孕期，才给予了精准推送。这就是通过对老客户购买信息的挖掘进行的一次精准营销。

那么，如何制定针对老客户的营销策略才能达到精准营销的目的呢？我们从三个方面展开分析。

一、做好客户的价值分类

这一点我们在上一节中也讲到了，根据贡献值、购买频率等进行客户分类，根据分类判断可以给予他们多大价值的服务。

以至尊 VIP 会员为例，假如成为至尊 VIP 的条件是在店铺购买过三次以上，贡献金额是 3000 元以上，每个至尊 VIP 为店铺带来的平均利润是 500 元，目前店铺获取一个新客户的成本是 200 元，那么激活或者挽回一名至尊 VIP 会员后，可以做出的最大让利能达到 700 元。而对于普通会员，我们能够付出的维护成本可能只有 200 元，所以我们也会根据会员价值的不同而采取不同的营销方案。

二、分析客户所处的消费阶段

分析客户所处的消费阶段，解决的是我们在不同的时间阶段应该采取什么策略的问题。如前面图 5-29 所示，我们根据客户回购数据把客户的消费周期分为四个阶段。

1．购买体验阶段

如图 5-29 所示，最初的 0—6 个月是客户对我们印象最深的时候，所以在这个阶段，对于会员要给予更多的关怀，做适当的新品优惠推荐，优惠力度要根据我们上面说的会员价值来决定。另外也不要过度强调推销，可以通过客服询问客户对产品的体验等。

2．产品回购阶段

第 6—18 个月是客户对产品需求最强烈的阶段，所以这个阶段侧重的是推荐客户想要的产品，促进他们的再次购买。

3. 客户休眠阶段

第 18—24 个月，客户对店铺的记忆已经很模糊，即使有购物需求，在选购的时候原先的店铺也不一定有多大的“号召力”。对于为店铺贡献价值很高的会员，店铺可以推荐其免费试用新产品，并邀请他们加入高端会员群，给予免费的三亚之旅机会等。

4. 客户流失阶段

两年都没有回购的客户基本上可以认为已经流失了。

在后面两个阶段，我们可以根据客户曾经贡献的金额来确定一个营销额度，“激活”老客户，比如某位客户在店铺中做出了 5 万元的贡献，我们可以拿出 1000 元对这位老客户进行激励。

在每一个阶段，我们对老客户要做的事情是不一样的，因此我们才需要去分析每一位客户处于什么阶段，这样才能有针对性地选择维护的方法，减少客户的流失。如图 5-33 所示，我们在每个月定期抽取了距离上次购买 3 个月、6 个月和 9 个月的客户，对处于不同阶段的客户进行营销信息推送，我们可以看到，针对处于产品回购阶段（9 个月）的客户的推送效果是最好的。如果我们对所有客户都采用统一的做法，实际上就会带来很多不必要的成本，而且会引发客户的反感。

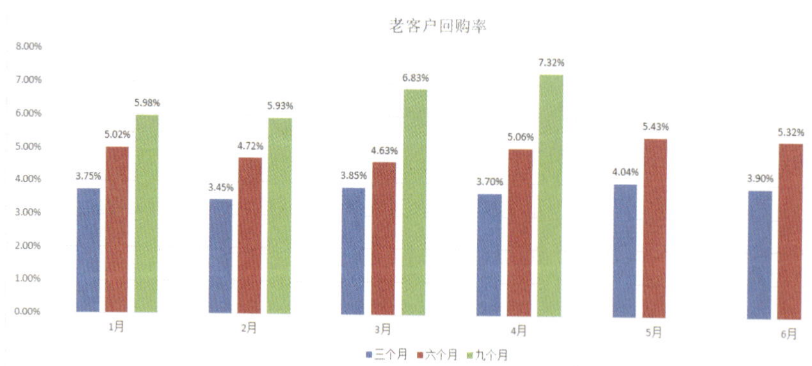

图 5-33

这里要特别提醒一点，消费周期在每个类目中都不同，比如像零食这种回购率很高的类目，这个周期可能就很短，比如客户一周就可能回购一次，那么我们用月为单位来衡量就不够详细了。

三、确定给客户推送什么产品的信息

这里主要根据客户在店铺购买的记录进行分析归类，比如有的客户是见到店铺有促销活动才购买的，这类客户对于价格比较敏感，那么针对这类客户就要以一些打折产品、活动产品、高性价比产品作为推荐对象，如图 5-34 所示。

图 5-34

一般情况下，要给客户推送什么产品的信息，主要可以从产品的特性上进行判断。比如从价格、风格、功能、颜色、搭配、口感等方面对产品进行分类，有针对性地进行产品信息的推送，这样才能更准确地把握客户需求，促进成交。接下来我从四个常见的维度展开分析。

1. 品类维度

以服装行业为例，假如客户以前购买过衬衫，那么我们这次可以推送与衬衫类似的产品信息，还可以搭配裤子的信息进行推送。

为什么这样做呢？如果客户很喜欢他上次购买的衬衫，那么看到这件和上次差不多的产品，就可能会再次购买。如果他觉得上次购买的衬衫搭配这条裤子很合适，也会选择购买这条裤子。

2. 面料维度

比如箱包类目，如果某客户以前喜欢帆布类的包，那么我们推送的时候也要尽可能选择帆布包而不是皮包；同样，如果客户选择了磨砂皮这种比较复古的材质，我们在推送时也应该选择复古类产品，而不是选择甩纹之类的产品。

如果能够判断出客户的属性偏好，我们就要推荐类似属性的产品，毕竟一个人的偏好很少会跨越很大幅度。

3. 颜色维度

比如化妆品口红，如果我们发现某钻石会员平时喜欢购买深红色的口红，我们在推送产品信息时如果专门做一个深红系列口红页面，并且结合钻石会员可以享受的新品八折、快递包邮、赠送精美礼盒等优惠措施，是否更能够留住客户的心呢？

4. 口感维度

比如零食行业，如果我们通过客户数据分析发现这批客户喜欢什么口味的零食，或者经常购买什么口味的产品，就可以更加精确地给客户推送产品信息。

本节小结

本节总结一下可以概括为一句话：在合适的时间，用合适的方法，给合适的人推荐合适的产品，这就是老客户精准营销。

本节思考题

在做老客户营销的过程中，当确定好了客户的层级之后，我们该如何结合会员消费周期做营销活动呢？